Kåtornas folk

Ester Blenda Nordström

Kåtornas folk

Saga

Kåtornas folk
Omslagsfoto: Shutterstock
Copyright © 1916, 2019 Ester Blenda Nordström och SAGA Egmont, an imprint of
Lindhardt og Ringhof A/S Copenhagen
Alla rättigheter förbehålles
ISBN: 9788728125137

1. utgåva

Lindhardtogringhof.dk

Saga är ett förlag i Lindhardt og Ringhof, ett förlag inom Egmont-koncernen

Vårens värsta och vildaste snöstorm rasar över öde slätter. Det viner och tjuter, det rasslar och piper, det gnyr och jämrar, det dånar som åskan, det rasar som laviner, det vrålar och kvider – alla jordens skräckljud har samlats för att åtaga sig sin stämma i vildmarkens jättekonsert. Det piskar som tusen vassa nålar i ansiktet, vita moln kommer yrande och sveper sig om oss där vi vandrar – några små människor och djur i vanmäktig kamp mot en rasande fiende – virvlar biter, tränger sig in genom skinnkläderna som vore det spindelväv man bar, tar andan ur en, tvingar en att spänna varje muskel för att orka ta ut det steg man påbörjat, griper en med kalla hårda händer, girigt och obarmhärtigt som om barmhärtighet inte fanns i världen. Det rinner våt smält snö utefter bröst och rygg, den fryser till is så att man går med ett knastrande, kallt pansar omkring sig, och inombords är det visst också is fast det känns som om man drack flytande eld när den dödskalla luften rinner genom strupen. Dödskallt är allt. Det är som om jorden dött, som om glädjen dött, som om allt levande dött, som om det i hela vida världen inte fanns fler människor än vi, ej fler djur än de renar och hundar som mödosamt stapplar framåt mot stormen. Det blygrå nattljuset är dött, våra egna kroppar är döda och kalla och rör sig som marionetter i vars trådar en grym hand drar: ett steg framåt med höger fot, ett steg med vänster, ett steg med höger... Och för varje gång måste man dra foten upp ur djup snö, som tynger och suger.

– Hur länge, tänker jag och sveper schalen bättre om huvudet med valna händer. Hur länge! Ska vi gå tills domedagens klockor ringer eller tills vi stupar och dör av trötthet?

Men ingen svarar och hade jag också skrikit ut frågan med mina lungors hela kraft hade ljudet av min röst drunknat och blivit borta i stormens vrål, inte hunnit ens halvvägs fram till ledaren av raiden framför min. I åtta timmar har vi gått nu. Utan vila och utan rast, likt förtappade själar som dömts att irra utan ro i de dödas vita land – framåt bara! Med ett liktågs stillhet skrider vi, stegen måste rättas efter renarnas tramp, och så trötta som de stackars djuren är drar de inte de tunga pulkorna mer än ett steg i taget. Och ändå flämtar deras sidor, mularna står öppna, tungan hänger ute, och huvudet böjs så djupt mot marken som tömmen tillåter.

Varje ren är bunden vid pulkan framför med en kort lädertöm som knutits kring halsen och en sådan rad på åtta till tio pulkor kallas raid. Varje raid har sin ledare, som har ansvar för att allting går rätt och riktigt till: att alla pulkorna är med och inga djur slitit sig lösa, att alla dragremmar är i ordentligt skick, att alla renar drar samvetsgrant och inte låter kamraten före i ledet släpa på mer än vad honom tillkommer, att inga pulkor välter vid någon tvär vändning, att allt överhuvudtaget fungerar som det ska. I vackert och klart väder är det lätt nog, man vänder sig om emellanåt och kastar en blick utefter raiden, märker genast om något är i olag och ställer allt till rätta. Men nu – i denna storm! Man förmår knappt urskilja renen bakom sig, får inte släppa pulkan framför ur sikte – det kan vara detsamma som döden, ty spåren sopas igen på ett ögonblick, och den tomma grå värld man vandrar framåt i har ingen barmhärtighet med vilsna människor. Med jämna mellanrum stannar pulkan framför, men de ögon man följer den med har nästan slutat att se, så trötta och svidande är de och ibland märker man inte ens att pulkan står stilla förrän man stupar över den. Då har förste raidledaren stannat och hela det långa, långa bandet av pulkor och dragare stannar en minut för att varje ledare ska kunna inspektera. Renarna sjunker ned på snön eller står som de stannat, med utspärrade ben och hängande huvud, och innan allt på nytt är redo till marsch måste de trötta sparkas upp på benen. Så går det igen! Spöklikt, flämtande, ljudlöst.

– Hur länge! tänker jag. Nu är det nio timmar vi krupit fram mot stormen. Ska aldrig renarna stupa!

Ty det är efter renarnas krafter varje flyttnings längd bestäms. Människorna betyder ingenting – det är brått när man går mot sommar och sol och grönt bete åt dem som ger en liv, föda och tillvaro, det är brått när solen skiner varm bortanför fjällen och när all den härlighet som de vårsvaga djuren behöver vinkar där borta. Det är brått när fattigdomen kommer skrämmande nära och man vet att bara man kommit bortom de vita fjällkammarna där västerut så väntar vila och lugn och gott bete. Hur skulle man väl då ha tid att tänka på sig själv, på om ens egen usla kropp blir trött och tung och kall – framåt bara!

Men det börjar lida mot slutet av renarnas krafter också. Två har redan fallit i min raid, men tvingats upp igen. I raiden framför föll nyss en, och på de sträckta halsarna och den häftiga flämtningen syns det att det snart är slut på styrkan hos dem allesammans. De går så länge de kan hålla sig på benen, när de inte orkar mer störtar de, sjunker ned utan ett ljud. Först på knä, men rycks så med av pulkan framför, faller på sidan och släpas vidare som ett dött ting, som den dragrem de är bundna vid, med sin egen pulkas hela tyngd efter. Det är som om de skulle slitas mitt itu inför ens ögon och man ser deras stora svarta ögon rulla i vånda. Den dubbla bördan blir för tung för renen framför – han faller, lika tyst och lika stilla. Först på knä, så stramas tömmen om halsen allt hårdare, nacken sträcks tills den är bristfärdig och tum för tum töjs den smärta fina kroppen ut till onaturlig längd och släpas framåt. Renarna framför stannar eller faller, beroende på hur trötta de är och ledaren kommer för att se vad som står på. Med ett ryck dras den tunga pulkan fram, och när dragremmen på det viset blivit mindre spänd tvingas det utmattade djuret på benen igen med sparkar och vredgade rop. Sparkarna tar väl inte så hårt, ty skon är av mjuk päls och den nakna foten inuti stoppad i tjockt hö, men för den som aldrig sett det förr är det en syn som är svår att uthärda. Men det måste väl så vara, med bedjande ord och vänliga smekningar rör man inte ett renhjärta och snart tänker man inte längre på om det är grymt eller orätt utan gör själv detsamma utan att blinka – nerverna slipas bort rätt fort, och djurskyddshjärtat också, när det gäller livet. Och så fort alla dragare stå på sina skälvande ben igen, och trots att de är färdiga att när som helst segna ner, fortsätter marschen.

Ögonen är blinda och värkande av snö och storm, fötterna är som blyklumpar, händerna är ömma av köld fastän de är stuckna

i pälsvantar stoppade med hö, ansiktet är som is, ej längre
känsligt för vinden, och när jag tar mig över kinden, där det
förnims som en lätt klåda, blir den vita vanten röd av blod. Utan
att jag märkt det har väl mitt ansikte kommit emot något vasst
föremål – kanske ett renhorn vid arbetet att få upp ett störtat
djur – jag har ett djupt sår alldeles under ögat. Jag önskar att jag
fick göra som renarna, sjunka ned på snön bara ett par minuter
och borra ansiktet mot bröstet så att jag kunde andas ett par
djupa varma andetag och inte ständigt denna våta isluft, som
kommer lungorna att kännas som om de ville springa i stycken.
Det vore nog döden, men kanske en ljuv död – jag vet inte.

Nu stannar raiden framför igen, jag hör ett svagt barnskrik
mitt i stormens gny, hör Gates milda, lugnande röst och ser hur
Heikka, hennes man, kommer ut ur ett snömoln som en grå
skugga.

– Dä litt kvile no! säger han på sin lustiga lappnorska och
småler uppmuntrande mot mig. Inte lång stunn men lite. Je ser
åt härkarna dina, sätt dej å kvil. Du ä nok trött stakkel – sånt
stygvejr har je aller sitt förr. Nog fick du då väre med på lappflytt!

Han slukas upp av en tjutande vindil, och jag går upp till
Gate, som har en lång och svår raid att leda med många
halvtama djur i, som i början höll på att förlora vettet av
förskräckelse och ursinne. Nu ligger de som döda på snön med
stela svarta ögon och inte ens de gnällande hundarna som
traskar omkring i tröstlös rådvillhet kan förmå dem att göra en
rörelse av skrämsel.

När jag kommer upp till Gate ligger hon på knä framför den
första pulkan, och i den rasande stormen och vinande snön har
hon bröstet bart och ger di åt en rödnäst, hungrig liten krabat,
som äter så det klunkar i halsen och inte låter köld och snö

9

bekomma sig det minsta, där hon ligger varmt instoppad bland lena fällar. Gate vänder på huvudet och ler sitt blida leende mot mig, men hennes ögon är trötta och jag ser att handen skälver som lyfter pälsen åt sidan över bröstet. Ska vi gå länge till, Gate, frågar jag, eller är det slut snart?

– Jag vet inte. Här finns ingen mat för härkarna, men kanske vi stannar lite i en kåta här borta. Jag vet inte, fråga manfolken.

Jag vänder nedåt min raid igen för att fråga Heikka, men hinner aldrig längre än till första pulkan. Där snubblar jag över en snödriva och faller. Det är mjukt och skönt att vila i snö när man är mycket trött, sömnen kommer varm och stilla, man känner inte stormen, inte hur de vassa isiga snömolnen piskar mot ansiktet; man drömmer om röda eldar och varma solar, om strålande sommar och grönt gräs, man minns inte längre att det väntar långa, vita, stormiga slätter och en vandring utan slut på stelfrusna, dödströtta fötter, känner bara i dvala hur allt blir lugnt och varmt och ljuvt – hur...

Ett ryck i armen väcker mig till hälften och jag känner, ännu i drömmen, hur något hårt glider genom mina fingrar – så hör jag ett svagt hundskall, tramp och flåsande intill mig, och spritter upp i ångest. Raiden går igen, det var pulkan jag gripit om i fallet som jag kände glida ur min hand, och medan ångesten för mitt liv hugger i hjärtat springer jag upp och efter raiden som försvunnit i snöyran. Den sista renens klocka klingar som ur ett oändligt fjärran och på domnade fötter gör jag ett försök att springa. Det är timmar som går, tycker jag, innan jag skymtar en grå liten pulka framför mig – kanske är det bara sekunder, men så fyllda av ensamhet och pina att jag inte kan mäta dem med klocka. Och så är jag åter hos min tåliga, vita ren, som ensam skött mina plikter, lägger åter tömmen över axeln och håller mig så nära Gates sista pulka att jag nästan snubblar över den.

Ännu en timme går färden, medan stormen blir allt mer svindlande, allt mer ursinnig – och så stannar vi igen. Mellan de yrande snöbyarna skymtar jag en svart liten kåta och vet att därinne väntar livets härlighet i form av kaffe, värme och mjuka fällar. Så binder jag tömmen i pulkans framstam och traskar upp till den främsta raiden, där "gamlingen" och "gamlan" står inbegripna i en livlig konversation om en störtad ren, som i fallet brutit sitt horn, så att hela huvudet är en enda blodig massa. Gamlingen är några och sjuttio år, distriktets rikaste lapp och stolt, som den enväldige konung han är. Det är han som bestämmer över allt, han som befaller uppbrott och vila, han som leder vägen genom snö och storm, han som härskar över byns invånare. Byn består av fyra rika familjer: hans gifta döttrar och söner. Nikke heter han. Och om Nikke säger: i kväll flyttar vi! så flyttas det på kvällen om det så regnar spik från himlen. Och om Nikke säger: i dag ska härkarna hämtas och föras i gärdet och skiljas! så lägger hans stolta och vackra söner utan ett ord, som små lydiga barn, lasson om axeln, spänner på skidorna och ränner ut för att hitta renarna som ibland kan ha gått miltals bort. Och det kan hända att Nikke själv går med, den stoltaste bland dem alla – med lasson om axeln och mössan på sned med den väldiga tofsen gungande över örat. Hans gång är smidig och lätt, hans kolt är lika kokett kort och vid som hos den yngste lappadonis, hans bälte är brett och späckat med silverknappar och hans hår fladdrar gråsvart och lockigt och långt. Hans lasso susar lika vinande snabbt som de ungas och träffar det utsedda offret lika säkert – den starkaste renoxe kan inte fälla honom och den skyggaste vaja måste följa när hans lasso snärjer.

Och "gamlan"! Hon är åttiotvå år och gift med Nikke. Hon är liten och skrumpen och brun med ett ansikte som smutsigt pergament och händer som liknar små fågelklor. Men i det vissna ansiktet lyser ögonen unga med en skrattande glans och mössans rand går brokig och glad över den fårade pannan. Den svarta pälsen är vid och mjuk och dragen så smal om livet som nånsin på den mest välvuxna tjugoårstös, och de spensliga, fina benen, klädda i tätt åtsittande renhudsdamasker (säpäkkee), är lindade så hårt med band vid anklarna att det är ett under att de inte går rätt av. Banden är granna och röda, på fötterna har hon vita små pälsskor, och hennes gång är så trippande och lätt som om hon knappt trampade på snön. Hon har lett sin raid under natten, hon som de unga, och när jag ser hennes lilla raka gumgestalt, hennes små dockfötter och de smala benen kan jag inte återhålla en fråga:

– Du är väl trött nu, Elle?

– Trött! Hon ser på mig med klara ögon, som blinkar mot snöyran, snyter sig kraftigt i sin lilla fågelklohand och tittar igen. Så skrattar hon med sin tandlösa mund och ser så lustigt barnslig ut i detsamma – och så säger hon föraktfullt: Så gammal är jag väl ändå inte!

Med nästan skräckblandad vördnad ser jag hur hon trippar upp mot kåtan, lyfter undan dörren och stiger över den höga tröskeln med ett raskt steg. Ett ögonblick kämpar hon med stormen som vill riva dörren från henne, segrar och lägger den på sin plats igen med ett vant grepp och en liten bestämd smäll. Men när jag kommer in sitter hon hopsjunken framför elden med ögon som på en gång blivit gamla, det skälver lite kring

munnen och huvudet har sjunkit ned på bröstet och bärs inte
längre så karskt och högt på den tunna bruna halsen. Du är nog
trött ändå, lilla gammelmor! tänker jag för mig själv. Det är inte
gott att vandra genom snö och storm på de små fina fötterna
som nu har trampat fjällens vita snö och myrarnas mjuka tuvor i
snart hundra år. Du har rätt att låta huvudet sjunka, när du tror
att ingen ser dig, du har rätt att sucka tungt och djupt, när du
tror ingen hör dig – för vi vet ändå, att när uppbrottets timme
slår igen är du den första som är färdig, är du den första som
lägger tömmen över axeln och trippar mot vår och sommar med
huvudet högt, kolten i svaj och ögonen unga på nytt. Lilla
gammelmor!

Det är varmt och lugnt och ljuvligt härinne. Elden brinner
het och röd och luktar av färskt björkris, kaffepannan hänger på
och de två gamla, som bor i kåtan, pratar vänligt och frågvist om
alla små detaljer som möjligen har hänt eller kunnat hända på
vägen. De har varit ett par dagar före oss på flyttningen och slagit
läger här för att låta renarna vila och beta – egentligen skulle de
gått en halv mil till, men härkarna orkade inte. Gud välsigne
kräken! tänker jag och kryper ännu närmare elden med en
känsla av dåsigt välbehag. Vi är inne allesammans nu, och en
efter en kommer också hundarna smygande med rädda ögon
och svansarna mellan benen. Snart är kåtan så full av människor
och djur, att det nästan är trängsel och snön smälter i floder från
våra pälser, säpäkke och skor. Kvinnornas genomvåta schalar
hängs till tork, de som blivit alltför våta om fötterna lossar
skorna och breder ut höet framför elden, kaffet kokar och pratet
är i gång. Det stormar så att kåtan darrar och gungar, och
tältduken klapprar mot stängerna som om den skulle slås mitt
itu, dörrens ribbor dunkar – ibland flyger den upp och kastas åt

sidan och himmelens alla vilda vindar rusar in så att gnistorna dansar kring väggarna och röken gör en blind. Till slut binds den fast med en rem, och det blir en smula lugnare.

Jag sitter och ser på ringen kring elden, en ring av mörkhyade kvinnor och män klädda i djurhudar från huvud till fot med flammande fantastiska färger till inslag i sömmar och band. Rött och gult och kornblått – tofsarna på männens mössor är som stora röda blommor som sommarens lysande pioner, kvinnornas granna luvor ramar in deras fina ansikten i en jämn, vacker oval och de fulländat ädla, svagt bruna händerna rörs med förnäm och säker grandezza, snabbt utan brådska. De två som äger kåtan är gamla som Metusalem och fattigt klädda — allt vittnar om armod förresten – de få, skabbiga fållarna, bohaget, kåtaduken. Men kaffet är gott och starkt och de två kopparna, det enda av porslin som ett lapphushåll äger, vandrar från mun till mun så fort de hinner tömmas. Konversationen löper lika snabbt och lätt, det skrattas och pratas precis som om storm och vedermödor inte fanns till, som om inte oändliga, vida slätter väntade oss att vandra över innan vilans timme äntligen ingår på allvar. Jag hör rösterna allt längre bort, ser elden som genom en dimma, känner bara hur kaffet värmer och mättar, lutar mig tillbaka mot fållarna och somnar med min svidande kind mot en hunds våta rygg.

– En halvmil till bara! säger Gate tröstande när hon väcker mig efter en halvtimme. Och våt och huttrande snubblar jag ut till vandringen och kylan igen, ännu med sömnen i ögonen och kåtans värme i minnet. Stormen och snön vräker sig över oss, ännu vildare än förr, sliter och brusar som om njutningen att plåga oss vore dubbelt stor efter den lilla stund vi gömt oss undan, och det är med knapp nöd vi kan hålla oss uppe på benen fastän vi pressar hela tyngden av våra kroppar mot orkanens tryck. Sakta, sakta sätter raiderna i gång, mödosamt tar renarna ut stegen, kallt och vått rinner isvattnet nedför rygg och bröst igen. Några av småbarnen vaknar och skriker ur fällarnas djup, en hundvalp gnyr ömkligt och hjärtskärande, och jag vandrar framåt som i dröm – en sådan dröm som man kan vakna vid ibland i kväljande ångest: man går och går och tar ut stegen det längsta man kan i pinande brådska, men kommer ändå inte ur stället. Det här är verklighet, man vaknar inte, man tar ut stegen och flyttar fötterna rastlöst, men det är som om man stod evigt stilla på samma punkt i det oformliga, öde grå som böljar runt omkring.

En halvmil bara! Men så lång och tung att jag börjar tro att vi har gått vilse och aldrig ska komma till raststället vid trädgränsen, där de sista låga små björkarna står innan fjällens eviga snö dödar allt som vill växa och leva. Men den har ändå ett slut, och när jag ser Gates raid vika ur spåret och sluta upp tätt bredvid den föregående vet jag att stunden äntligen är kommen, viker själv åt sidan och leder mina renar jämsides med hennes. Snart stå alla raiderna samlade i bredd – elva stycken, men man ser inte mer än de allra närmaste för snön. Och nu börjar arbetet med frånspänning, uppsnörning av de pulkor där det nödvändigaste husgerådet är inpackat, kåtans uppsättning, vedhuggning och en massa göromål som är oundgängligen nödvändiga när ett hem ska resas i vildmarken. Göromål som även i vanliga fall är mödosamma och tar lång tid, men som nu i denna rasande storm fordrar dubbla krafter och mer än dubbel tid. Det går fubbligt och långsamt bara att lossa selarna med valna och svullna fingrar när renarna sparkar av otålighet och rasar och stångas så fort man kommer i deras närhet – de vädrar föda och frihet, och så fort de blivit lösa störtar de sig över skaren med ivriga, hårda klövar som snart tränger igenom den frasande skorpan och sparkar snön i yrande moln från laven. De som orkar. Men det är många av dem, de mera nytämjda och ovana, som knappast orkar stappla ett par steg från pulkan förrän de sjunker ned och ligger som en grå, livlös massa som snön så småningom täcker. De starka arbetar och skrapar och står snart som i en grotta djupt nere under skaren, så att man endast ser deras mörka ryggar och framsträckta huvuden med mular som snappar laven snabbt och ivrigt.

I detta herrans väder kan det inte bli tanke på att resa mer än en kåta, och man får vara glad om man lyckas få upp den. Annars har varje familj sin egen och isäntä – det betyder husfadern – tar genast itu med resningsarbetet så fort raiderna stannat. Nu arbetar alla på att få upp en kåta så fort som möjligt, männen letar fram sina snöskovlar och går till verket med en iver som tycks vara alldeles oförminskad av de tretton timmarnas vandring. En stor del av arbetet är redan undangjort av renarna som skrapat bar en tillräckligt stor del av marken, den behöver bara jämnas ut en smula. Förresten är det inte lönt ens, så som snön vräker ned, fram med stängerna bara så det går fort. Under tiden har kvinnorna snörat upp husgerådspulkorna, tagit reda på sina yxor, och skidat inåt den låga lilla skogen efter ved. Det är alltid kvinnfolkens göra att förse hushållet med ved, och det är minsann varken ett lätt eller litet arbete, när elden ska brinna från morgon till kväll utan avbrott. Men aldrig hör man dem knota, de tänker inte en gång på att det kan vara annorlunda – det har så varit sedan urminnes tider: männen sköter renarna och kvinnorna sköter hemmet med allt vad därtill hör. Och vedhuggningen går med fart och kraft, yxan svingas så det viner och den blanka eggen träffar så precis där den ska att det är ett under.

Jag sitter på en pulka med händerna under den korslagda röda ytterschalen och ser hur arbetet fortskrider. Ved kan jag inte hugga ännu, har inte hunnit lära mig det, och något annat är det väl inte att göra för tillfället. Så jag sitter overksam med ryggen mot orkanen och ögonen på männen som just börjat resa kåtastängerna. Snart står skelettet svart och fast med stormstöd ställda inuti till skydd mot orkanen, och nog måste himlarnas herre ta till sina allra hårdaste väder om något ska kunna rubbas i den luftiga byggnaden, som ser så bräcklig ut men är så stadig. Nu ser jag hur Nikke och Heikka vecklar ut kåtadukens ena halva och med slött intresse väntar jag vad de brusande vindarna ska ta sig till med den. Ratsch! – där viner den ur deras händer som en väldig svart fana och smäller i trots. En gång till – där ligger den nu på kåtastängerna, pressad tätt intill dem, och vana fingrar fäster den hårt och tvingar fast den. Men det står en smattrande dans på de sneda, svarta stängerna, och emellanåt river sig en flik lös och klatschar triumferande i stormen tills den fångas och fjättras igen. Den andra halvan bråkar inte alls, fladdrar bara helt lugnt i lä och låter sig tvingas utan motspänstighet.

Det känns skyddat och hemlikt inne, fastän detta "inne" ännu ingenting annat är än en tom vit snöfläck med sotiga vadmalsmattor omkring. Men snart kommer riset och gör det vita brunt, så kommer veden i mitten och ur den en tjock blå rök som så småningom förtunnas och färgas orangeröd av flammorna, så kommer järnkättingen och vattenkitteln där snön smälter och fräser, så kommer kaffepannan och så kommer fållarna – och allra sist barnen, yrvakna och frusna. De minsta grymtar och smågnäller i komsins djup, de större kryper så långt intill elden de vågar utan att bränna pälsarna, och med ivriga ögon vaktar de kaffepannan som börjar ryka lovande ur pipen. Vi är inne allesammans nu – hemma! Aldrig har jag känt och förstått det ordet som nu, efter denna vandring, efter denna storm med den värkande trötthheten i kroppen. Utanför de tunna tygväggarna dånar orkanen, leker och drar i dem så att de är bristfärdiga, genom räppen virvlar snön ned på oss, och röken får ögonen att tåras och värka – utanför är tomma, vita slätter, utan gräns och utan slut. De väntar oss, vi ska vandra över dem med tusen och åter tusen steg innan den långa, lugna sommarvilan börjar – men vad bryr oss väl det! Vad bryr oss väl hela världen! Ty där den egna kåtan reses, där har lappen sitt hem och där känner man all hemmets härliga lugn och trygghet, om solen skiner eller orkaner rasar.

Jag är så upptagen av förunderligheten i denna känsla här mitt bland fjällens främmande vithet att jag knappt märker den kaffekopp som räcks mig. Men efter fyra koppar ser jag klart och vaket igen, ser hur Elle somnat med hundvalpen i knät och händerna knäppta kring hans mjuka lilla ulltuss till kropp, ser hur Gate ammar den rödnästa lilla lappjäntan, hur Heikka tänder sin pipa, hur Pete spottar en tobaksstråle in i elden, hur Nikko vänder sitt våta skohö, hur...

Mer minns jag inte, vet bara, som i en dröm, att en varsam hand löser bältet kring mitt liv, att samma varsamma hand skjuter en mjuk kudde under mitt huvud och breder en len fäll över mig. Sen vet jag inte mer, kryper bara ihop i värmen och suckar av välbehag, hör rösterna som från en annan värld, småler lite åt stormen som inte kan göra mig något ont längre. Och min sista medvetna tanke är: i dag är det första maj!

Det kommer att vara afton nar jag vaknar igen – det var morgon när jag somnade; hela den långa natten hade vandringen gått och mina ben känns ännu som blyklumpar av trötthet. I halvslummer hör jag hur stormen rasar lika vilt, lika brakande ursinnigt och hur duken klapprar och slår. Annars hörs inte ett ljud, och när jag sticker huvudet ur sovsäcken ser jag bara ett vitt kaos av mjuka snökullar runt den tomma och kalla härden. Den enda levande varelse utom jag själv tycks vara en svart hund, som med dystert klippande öron och i tungsinta betraktelser sitter och huttrar i den grå kvällsdagern – han har väl blivit sparkad ut ur någon varm fäll, där han försökt göra det alltför bekvämt åt sig på den sovandes bekostnad och känner sig nu som den mest orättvist och illa behandlade hund i kristenheten. Det syns på honom.

– Rill! lockar jag. Rill, tjö – det är: "kom hit". Först tittar han på mig med en min som tydligare än ord säger: "gör mig inte på ännu sämre humör med dåligt skämt", sedan börjar hans lilla svansstump inställsamt och förhoppningsfullt att röra på sig, öronen spetsas, och med försiktiga steg smyger han fram till mig, glider ned under min fäll och drar en lång, djup suck av tillfredsställelse. Jag ligger på rygg och ser hur snön ryker in genom räppen, känner hur den kyler mitt ansikte och mina händer, hur jag blir våt när den smälter. Men det gör ingenting nu, ingenting gör något nu – jag ligger så mjukt och varmt, stormen rycker och sliter i kåtan, men mig når den inte, alla de vita snökullarna ligger så orörliga som om det inte fanns levande människor under dem, och ändå räknar jag ut att det bör vara nitton eller tjugo som sover där. Med barnen då också naturligtvis, det är inte mer än elva vuxna. Det ryker en smula från en brand som inte är riktigt släckt, en hundvalp gnyr i sömnen – det börjar kännas kallt om händer och ansikte, och jag kryper ned i värmen igen i min sovsäck och sover tills dagen är ljus, elden flammar och kaffepannan kokar. Alla de vita snökullarna har förvandlats till väl avskakade fällar och filtar, runt elden sitter kvinnorna och barnen och fyra av hundarna. Männen är ute för att se till renarna eller slå upp kåtorna, stormen har bedarrat och solen skiner stor och klar rätt ned genom räppen.

Gate ser på mig och skrattar där hon sitter nedhukad vid boasson på emäntäs plats. Boasson är köket i en lappkåta, där alla pannor och grytor har sin plats, och emäntä är värdinnan. Boasson är alltid mitt emot ingången och följaktligen emäntä också och hennes makt och härlighet inom kåtan är obegränsade. Gate skrattar ännu mer när hon räcker mig kaffekoppen och jag frågar lite generad hur länge jag sovit.

– Det är länge det! svarar hon och ger mig min klocka som jag hängt upp bredvid min huvudgärd. Hon var tio i går morse när du somnade och då drog du henne. Nu står hon, men solen är över middag – men du är väl snart död av svält, tänker jag.

Men jag känner ingen hunger, endast ett obeskrivligt välbehag efter min långa natt – i över ett dygn har jag sovit – och jag stiger ur sovsäck och fällar och går rätt ut i solen, som skiner på snön så det värker i ögonen. Mitt i den låga lilla björkskogen ligger kåtorna. De tre andra är uppslagna nu och jag ser Ellekare, min lilla lapska tjänsteflicka, kommer skidande från sluttningen ovanför med ett fång golvris under armen och yxan blänkande i solskenet, där den sitter instucken i bältet. Och bältet blänker också av alla silverknappar det är prytt med, den röda schalen

20

lyser och pälskolten svajar för vart steg. Luften är så glittrande kall och klar, himlen så ljust blå, kåtorna så sotsvarta mot den vita snön, fjällen så buktiga i ram kring horisonten och solen – solen så oändligt lysande, så ofattbart strålande att man knappt tror det är denna världen man lever i. Se björkarna hur deras grenar är vårröda och glansiga, se röken ur räppen hur den stiger blå och tunn, se snön hur vit och fin – så man knappt näns gå över den med pälssockorna, se renen där med huvudet lyft i ångest för hundarnas skall, hör bjällran som hänger om hans hals, hur den klingar genom den vita världen, se hundvalpen som på drumliga små ben försöker en störmgalopp, hur hans svarta ullkropp blir vitgnistrande av snön han rullar sig i. Se hur pulkorna sticker fram sina graciöst formade framstammar ur snötäcket som yrt över dem, se lappen som kommer glidande på långa smala skidor, hur hans röda mösstofs gungar, hur hans bandprydda ben flyttar sig i seg och smidig takt, hör yxhuggen ur skogen, känn hur livet är underbart och strålande, hur varje andedrag är fullhet och lycka och härlighet. Och så stillheten! Bakom hundarnas skall och barnens skrik, bakom renens bjällra och yxhuggens stålklang hör man stillheten, vet man stillheten, vilar man i den och lyssnar till den.

Nu slår Gate dörren åt sidan och ropar några mjuka, lapska ord åt Ellekare, som genast slänger sin risknippa och vänder skidorna åt vårt håll – och båda två går vi in i kåtans dunkel och äter en jättemåltid framför den röda elden medan hundarna sitter i ring omkring oss med påpassliga käftar och ögon. Gate har fyra barn, alla flickor, den äldsta tio år, den yngsta några månader och oftast osynlig, men ingalunda ohörbar i den djupa och väl hopsnörda komson. De andra är ständigt i rörelse, ständigt i mer eller mindre allvarligt gräl med varandra, ständigt

21

glada och ständigt med en glupande aptit. Ristin är två år, oändligt viktig och beskäftig, Pirhanne är fyra, med ljust hår och blå, skälmaktiga ögon. Inker är tio och uppträder med moderlighet och bestämdhet mot de små. Alla är klädda i dräkter som troget kopierats efter de vuxnas: bandskor, säpäkke, koltar, schalar, förkläden, bälten – allt precis som de stora har det, med undantag av mössorna, som för Pirhanne och Ristin har ett mera barnsligt snitt. Deras rörelser och vanor är också välgjorda kopior och ingenting kan vara mer roande än att se hur den tvååriga Ristin, som inte kan tala rent och knappt går på sina små ben, med oefterhärmlig värdighet spottar på fingrarna och tar bort ett glöd som sprakat ut på hennes kolt, kastar det på elden och omsorgsfullt blåser bort askan som möjligen kan ha stannat kvar på pälsen. Eller hur hon allvarligt slår kaffe på fatet, biter av ett stycke socker och andäktigt sörplande och smackande dricker fatet tomt, tar koppen som står bredvid, skvalpar runt kaffet för att få renosten väl blandad och häller fatet fullt igen. Eller hur hon jonglerar med en stadig, skarpslipad slidkniv, spetsar en ordentlig bit renkött på den och för den in i sin lilla mun med oroväckande hastighet. Eller hur hon med sin grövsta röst hojtar: tsu rissi! åt en näsvis hund och sparkar till honom med en liten straffande fot, som måste kännas som en smekning där den träffar – men hunden slokar med svansen och lyder hennes: olkus! (ut) med en fart som lockar en till skratt i smyg. Ty hennes stora allvarliga ögon tillåter intet skämt med hennes person.

Och Pirhanne ryter sitt: bija osa gitta! stäng dörren! med en röst som inte tål någon motsägelse, och som man ögonblickligen och obetingat lyder. Med beskäftig min torkar hon Ristins våta lilla näsa, så oskyldigt och moderligt, att man intet svek anar.

Men det händer allt att Ristin uppger ett gällt nödrop ibland, och då har Pirhanne i ett obevakat ögonblick nupit lite för omilt i näsan eller försåtligt gripit tag i en av Ristins små korta bruna lockar och ryckt till en aning för hårt. När då Inker allvarligt tar itu med synderskan eller Gate själv finner sig föranlåten att ingripa, så blickar de två klarblå ögonen så skälmaktigt och skrattande emot dem, att förebråelserna mildras mer än vad nyttigt är. Jag försöker själv ibland att med stränghet tala till henne: voi, voi! säger jag, vastis neita! fy en sån stygg flicka du är! Men Pirhanne böjer bara huvudet ned mot bröstet och låter sitt ansikte anta ett oemotståndligt komiskt och bedjande uttryck, och så måste jag vända mig bort mycket fort för att inte komma på skam med ett leende. Men Inker, hon är stadig och allvarlig och tioårigt värdig i sätt och tal. Hon leker att hon är stor flicka, som syr mössor och stas åt sig, av nästan mikroskopiska lappar; hon vänder sig med avsky bort när Pirhanne föreslår någon så barnslig lek som renleken (elustallat), där renhorn föreställer hjord och träpinnar hundar – nej, Inker vill leka hushåll, vill vara emäntä med många snälla och lydiga barn omkring sig, vill gå bort och dricka kaffe i andra, låtsade kåtor och resonera högtidligt och allvarligt om förnuftiga saker. Ibland får hon Pirhanne med i leken, och då kan man få höra de allra mest förunderliga saker om man har öronen öppna och ser ointresserad ut. Det pratas och skvallras i noggrann efterhärmning av de vuxna; om renhjord och skosyning, om garvning av läder och om odugligt tjänstefolk, om vad kaffet har stigit och vad mjölet är uselt, om allt som rör det dagliga livet. Pirhanne säger de besynnerligaste saker, hon har en fantasi, som inte ens Inkers allvar kan hejda, och fast jag inte på långt när förstår allt som ramlar ur hennes lilla mun med förbluffande fart, hör jag ändå nog för att fullkomligt förstå Inkers hjälplösa min. Ibland blir det gräl av och det slutar nästan alltid med att Pirhanne gör en sorti som inte är fullt värdig en äldre lappmatrona som njutit gästvänskap i en annan kåta.

Dagarna går fort i vila och den första dagen i detta läger är lika alla de andra i förra lägret. Det är så mycket att göra, så mycket att sköta så timmarna flyger bort. Skidor ska tjäras, ved huggas, våta kläder torkas, pulkor packas upp och packas igen; man äter, dricker kaffe, pratar, stickar, går på besök i kåtorna – innan man vet ordet av är kvällen kommen och den stora matgrytan över elden till det största målet på hela dagen. Vi sitter i halvskymningen framför brasan, alla samlade, i väntan på att märgbenen och köttet i den väldiga grytan ska bli färdigt och puttra slut. Heikka har varit med renarna till fjälls, och som vanligt rör sig samtalet uteslutande kring "ello", det betyder hjorden. Varhelst två eller tre lappar är församlade kan man vara säker på att pratet är i full gång och lika säker kan man vara på att det bara är renar, bete, flyttningar och väderlek som dryftas. Och vad annat skulle de väl tala om, vad annat skulle de slösa sina omsorger på än det enda existensmedel de äger. Kriget angår dem inte, det är så långt borta och den enda olägenheten med det är att mjölet och kaffet blir dyrare. Sveriges rikes angelägenheter har de så lite att göra med och vet så lite om, böcker har de inga andra än finska predikningar, tidningar inte heller – men väder och vind har de runt om, på väder och vind beror deras existens, renarna lever de av och Gud är för dem renarnas Gud och vädrens.

Heikka talar om en renko som fött en kalv under natten, och bekymret är stort att det lilla nyfödda kräket inte ska kunna leva igenom kölden och våren och ta sig fram med de andra till

Norge. Gamlingen har kommit in från kåtan bredvid och samtalet är ivrigare än någonsin, då hundarna plötsligt börjar ett vilt skällande och flyger ut med ett raseri som om den vilde jägarn själv vore i antågande. Gates hand stannar, just som hon är i färd med att lyfta grytan av elden, Heikka tystnar i sin beskrivning över vajans (kons) tillstånd, Ristin stirrar förväntansfullt mot dörren och gamlingen sticker ut huvudet för att se vad som står på.

– Det är Nilsa, säger han, Nilsa och Sanna. Utan härkar. Och Nilsa har en säck på ryggen.

Nilsa och Sanna är de fattiga lappar vi gästat under stormnatten, och underrättelsen om deras ankomst är oväntad, ty de hade bestämt att stanna en vecka till på samma ställe. Som de ännu är långt borta, berättar Gate för mig deras historia i korta drag – deras enkla och rörande historia. Nilsa är över sjuttio år och Sanna något äldre. Båda var så fattiga att kommunen tog hand om dem och lät inackordera dem hos nybyggare i en finnby. De bodde i var sin ända av byn, men träffades ändå emellanåt och delgav varandra sina sorger och bedrövelser, och den outsägliga plåga det var för dem att på gamla dagar vara tvungna att bo inom fasta väggar under tjocka brädtak – de som i alla sina dagar varit under himmelens stjärnor. I späda björkdungar och på öde slätter hade de bott, på villande fjäll och i djupa skogar, och mellan sig själva och stormar och regn hade de endast haft en sotig duk, och Guds himmel hade välvt sig över räppen. Det är inte gott att stängas in mellan väggar och tunga tak då, och de plågades också och led över måttan. Till slut stod de inte ut längre utan slog samman den lilla egendom de hade – några renar, en kåta, lite husgeråd – och flyttade ut till de vida slätterna igen, till de låga björkskogarna, till stjärnorna och solen, till stormarna och regnen. Så gick de till prästen för att gifta sig, men gubben hade barn från sitt första äktenskap, och de ville inte ge sin tillåtelse till detta giftermål, det kunde kanske göra att arvet blev mindre. Då gick de båda gamla till prästen igen för att få råd och hjälp, och han var en förståndig man som sa att när de velat gifta sig men inte fått, så var inte synden deras om de bodde tillsammans. Och så bodde de samman i sin fattiga kåta, frös tillsammans och hungrade tillsammans, men var ändå fria som riporna på fjällsluttningarna, och drog vart de behagade i världen, stolta över sin frihet och över sitt fattiga hem.

Nu kommer de! Jag kör ut huvudet bredvid gamlingens och vaktar deras ankomst med ivriga blickar. Men de kommer inte som jag väntat att få se dem – med raka ryggar och glada steg, med stolta ansikten och klara ögon. Ånej, vad kan väl ha hänt dem? Så sakta de går, så bedrövade deras ansikten är, så brutna och böjda de vandrar fram, han med en säck på ryggen, hon med ett knyte i handen. De ryter inte åt hundarna som skäller och tjuter i ilska, det är som om de inte hörde dem ens, de höjer inte huvudet vid vår hälsning, mumlar endast till svar och slår sig tysta ner vid elden, hon med en suck bra lik en snyftning.

Ingen säger något. Ingen frågar. Gate kastar bara mera ris på brasan och Heikka stoppar med fundersam min sin pipa. Så kommer förklaringen från Nilsa med sträv, låg röst, i enkla ord, utan bitterhet, utan förebråelser, endast med en oändlig, tung sorg och resignation: Strax efter vi gått hände det. Man hade gått ut för att ta rätt på ännu en tsaggi (stödjestång), då en stormil värre än någon annan vräkte sig över kåtan, kastade den över ända, lekte med den, bollade med den, rev den sönder och samman tills snön fick den i sin makt, skymde den och täckte den. Fällar och husgeråd flög för stormen och gömdes av snön. Nilsa hann få tag på lite bröd, Sanna på en filt – det var allt. Men pulkorna kunde inte blåsa bort, och i dem fann Nilsa sin snöskovel och grävde en grotta under snön. Där eldade de med de vedpinnar de kunde få tag på och med en pulka som höggs sönder till bränsle, och där bodde de och svalt i ett dygn, de två gamla som inte kunde släppa sin frihet för lugn och trygghet i stängda hus. När stormen var slut grävde Nilsa fram vad han kunde hitta, men mycket var borta, kåtaduken i trasor och stängerna spridda över slätten och dolda av snön.

– Det var en svår prövning för er gamlingar, säger Heikka med allvarlig röst och Gate skyndar sig att sätta ett stort fat med kött framför dem.

– Ja, svarar Nilsa och suckar tungt – ja, nog är den svår. Men det värsta är att alla kommer att säga att det är för att vi är för gamla. De kanske inte låter oss vara kvar ute längre, vi kanske måste sluta nu. Det är som om Sanna inte orkade längre heller.

– Voi, voi! jämrar Sanna – att vi ä' så gamla, att vi ä' så gamla. Nog orkar jag, Nilsa, men vi ä' gamla.

Heikka tröstar med lugna ord, lovar hjälp och bistånd och när vi alla ätit tar Sanna och Nilsa sina knyten igen – de vill inte stanna över natten utan är nöjda med Heikkas löfte att komma till dem dagen därpå. Och medan nymånen lyfter sin bleka skära bakom en vit fjällkam vandrar de båda gamla vägen hem till sin grotta igen, över öde myrar där rävarna tjuter och snön glimmar.

Långsamt glider tiden fram — men ändå snabbt på något förunderligt vis, fylld som den är av tusen små göromål och upplevelser. Vi vandrar en natt, vilar så i två eller tre dygn, kanske mera om vädret är dåligt och sedan ut i ödemarkerna igen. Alltid går marscherna på natten, då är föret bäst och skaren hårdast – om dagen då solen hunnit mjuka upp den går man lätt igenom och ned i den lösa snön, och det blir mödosamt att ta sig fram om än ett aldrig så kort stycke. Solen skiner både natt och dag nu förresten, bara några korta timmar är den borta, så rullar den upp igen bakom en fjällkam och lyser på snön med kall, gyllengul glans, i början utan värme, men med en klarhet som kommer en att undra om man verkligen sett solsken förr.

På ett ställe låg vi i läger en hel vecka, det var nära den stora renhjorden, som vi hunnit upp – den brukar annars alltid vara långt före, men på grund av några för tidigt födda kalvar måste halt göras en tid just vid trädgränsen där födan är lättast att komma åt. Hjorden låg inte på mer än en halv mils avstånd, och om rnornarna kom de tjänstehjon som var lediga ned till lägret för att vila och äta och bo i en ordentlig kåta några timmar. De hade ett strängt arbete, renvaktarna, strängt och ansvarsfullt. De har endast en halv kåta att bo i, vinter och sommar lika, den är lättare att flytta än en hel, går fortare att ta ner så att man snabbt kan följa hjorden i brusande fart när den löper från den ena betesplatsen till den andra. Men kallt blir det i dessa kåtor, de ger endast skydd för det allra värsta ovädret och har inte en skymt av den hemtrevnad som är så betagande i de stora kåtorna. Tre, fyra bor de tillsammans, vanligen två drängar och två tjänsteflickor och deras vakttjänstgöring varar för var och en ett dygn. Ständigt runt, runt om hjorden måste vaktaren löpa och efter honom hunden – ständigt måste han ha alla sinnen spända, ständigt vet han att farorna lurar. Några minuters slappnat aktgivande och hjorden kan vara spridd för alla himmelens vindar, järv, varg och lo kan hänga sina offer i strupen och skadan bli större än någon kan räkna. Tjugofyra timmar i ständig rörelse, då och då till tröst en kaffetår kokad på elden i kåtan, några tuggor torrt kött och stelfruset ojäst rågbröd, det är allt som bjuds. Och när de tjugofyra timmarna är slut blir det vaktbyte. Den avlöste äter, dricker, värmer sig framför elden, rullar upp de iskalla fällarna, kryper ned med filten dragen högt över huvudet och sover den dödströttes sömn i långa tunga andedrag. För att nästa dygn, eller i bästa fall det tredje åter ränna kring hjorden med vaksamma ögon och alla sinnen på spänn. Lasson ligger lindad kring axlarna, alltid färdig till användning, knivarna glider lätt i slidorna, skarpslipat är stålet de är gjorda av.

Gates piga hette Anne, och en starkare och gladare jänta har väl aldrig trätt foten i ett par skidvidjor. Hon kom susande nedför fjällbranterna mot kåtan så kolten stod rätt ut av det starka luftdraget, hennes ansikte var så svartbrunt av sol och snö, att det var nästan lika mörkt som hennes blanka, svarta hår, ögonen var bruna och stora, fulla av den mest tindrande livsglädje och den ständigt pratande och leende munnen visade de vitaste tänder. Alltid var hon glad – om hon kom i en snöyra så skidorna knappt gick att flytta, eller om solen sken så det sved i ögonen – lika skrattande hälsade hon sitt: boris! Lika muntert log hennes ögon och den långa vaknatt hon hade bakom sig tycktes inte bekomma henne ett dugg. Som en hök slog hon ned på allt som glänste grant och blankt, ögonen fick ett trånande uttryck och händerna sträcktes med en nästan omedveten gest efter det, Såg hon en vacker, brokig mössa tog hon den utan krus från ägarinnans huvud, strök snabbt av sin egen, vars hakband sällan var knutna, och provade ögonblickligen den nyfunna klenoden. Ur barmfickans djup uppfiskades en spegeldosa och med en min av obeskrivlig förtjusning skådade hon sin bild däri. I småbitar, ty hela hennes ansikte rymdes ingalunda på en gång i det minimala glaset. När emäntä var inne i kåtan vågade hon sig inte på spegeln – alltför uppenbar fåfänga strider mot religionens bud och Gate var varmt religiös – då provade hon bara och frågade, om det var fint. Och så pratade hon, pratade, pratade i ett enda hastigt gående om allt mellan himmel och jord som föll henne i sinnet. Hon hade en käresta också, men han var dräng i Norge, långt norrut, och det var utomordentligt viktiga stunder då brev skulle skrivas till honom. Det gick inte på en gång det inte, och inte flög pennan över papperet heller precis. Långsamt och med oändlig möda formades bokstav efter bokstav, tungan hade hon stuckit ett stycke utanför munnen och tänderna bet ihop över den, ibland stånkade hon och torkade svettdropparna ur pannan, och så skrev hon vidare. När det blev för besvärligt bad hon Ellekare om hjälp, och då satt de båda nedhukade på risgolvet med huvudena tätt ihop över papperet under viskande överläggningar och mycket fnissande. Ellekare var slängd i att skriva, hon hade gått i Lannavaara lappskola i många år och kunde svenska och finska och lapska lika flytande. Brev skrevs alltid på finska, lappar emellan, fastän de använde lapskan i talspråk. Men de kan inte uttrycka sig på sitt eget modersmål i skrift, de vet inte hur det stavas, känner inte igen det om de ser det skrivet och kan ofta inte en gång läsa det i tryck. Finska är lättare, den har inte så många besvärliga ljud som i lapskan endast kan betecknas på fonetisk väg, den skrivs som den talas, och de flesta lappar läser en finsk bok utan stor svårighet.

Därför avfattades också Annes brev på finska. Men fastän det var ett kärleksbrev så användes inte ordet älska en enda gång, vilket visst väckte Ellekares ogillande, ty ett litet stilla tystlåtet gräl utspann sig om ordet rakastan – jag älskar. Men Anne var bestämd och gav sig inte, och rakastan uteslöts. Tre gånger kom Anne hem innan det viktiga brevet blev färdigt, då förseglades det noggrant och jag ombads att skriva den långa utanskriften. Vilket jag också gjorde med min skönaste stil till Annes stora belåtenhet. Det var sista kvällen hon var hos oss på flera veckor, ty kvällen därpå skulle vi flytta, och innan hon dansade åstad till fjälls bad hon mig ta ett riktigt "tsappis porträhta" – vackert porträtt – av henne med den svarta dosan jag hade, så skulle hon skicka det till Nila. Det lovade jag, och hon skrudade sig i sin finaste kyrkstass: en strålande silkeduk med breda fransar lades om halsen, nyaste mössan med veckad vit spets sattes på, ett brett knappklätt bälte spändes löst om livet, banden kring anklarna drogs åt om möjligt ännu hårdare, de okammade hårtestarna ströks omsorgsfullt ur pannan och Anne var redo. Efter mycket fnitter blev äntligen plåten tagen, och sedan hon uttalat sin obegränsade och skrattfyllda tacksamhet tog hon av sig stassen och rände till fjälls så snön rök om skidorna.

– Hon är snäll, men hon är inte kristen, sa Ellekare med djupt allvar i stämman när Anne försvunnit bakom den första fjällavsatsen.

– Är du kristen du då?

– Ja nog ä jag det nog.

– Varför är du mer kristen än Anne?

– Hon är så fåfäng och pratar så mycket dumt å det får man då aldrig i världen göra om man ä kristen.

– Men det gör då du också precis lika mycket. Och fåfäng! Du har ju så många pärlband om halsen så du får inte rum med fler.

– Och så sjunger hon djävulens sanger, fortsatte Ellekare utan att vidare gå in på fåfängan.

– Vad är djävulens sanger för något? Hur sjunger hon då?

31

Ellekare ser rådlös ut. Att tjäna hos en människa som inte en gång vet vad djävulens sånger är! Vart ska det ta vägen?

– Ä du inte kristen? frågar hon med all världens undran avspeglad i sina bruna ögon. Eller tror du inte att det är djävulens sång som hon sjunger däruppe på branten nu?

Det hörs en lång klar stark ton uppifrån fjället åt det håll där Anne försvann, en till, mera mild och svag, ännu en, ännu en, sen blir det tyst. Men de tre, fyra tonerna smälter samman till en harmoni som på ett förunderligt sätt återger all den kalla och tysta vitheten omkring oss. Inte mer än fyra toner och ändå kommer de en att känna fjällens höghet, snöns vithet och tystnaden. Jag ser på Ellekare och hennes ansikte är fullt av strängt ogillande.

– Men kära, säger jag, är *det* djävulens sångkonst! Då önskar jag att jag kunde den.

– Du får inte säga så, det är farligt och syndigt. Tänk om en predikant hörde dig, då finge du allt höra hur stor synd det är att sjunga sådant, och säga sådant. Förresten var det Jonsa Karens joik hon sjöng.

– Det kan inte vara synd Ellekare, att joika. Om man joikar om hur blå himlen är, hur vit snön lyser, hur solen skiner, hur vacker hela Guds värld är, så kan det väl inte vara synd. Tror du inte att Gud tycker det är riktigt roligt att höra på i stället?

– Men ingen kristen får joika, det har predikanterna sagt och de vet nog vad som är synd eller inte. När du inte tycker det är synd, så är det för att djävulen talar i ditt hjärta. Och han talar nog i Annes hjärta också. Hon är ingen kristen, men när predikanten kommer i sommar så blir hon kanske. Hon blev det förra sommaren, det vet jag då, men hon har glömt det igen, för hon vart det inte riktigt med hjärtat.

– Visst är hon väl kristen, Ellekare lilla. Hon är väl döpt som många andra, hon är nog konfirmerad också tänker jag?

– Ja men för det blir man inte kristen. Det ska du inte tro.

– O, Laestadius! tänker jag. Din makt varar utöver det ändliga. Ett halvt århundrade efter din död är du den ende, sanne profeten, vars lära – fritt tolkad av ditt ords förkunnare – är heligare för ditt folk än Guds egen profets. Din stränga, tuktande lära, som vill göra all jordens glädje till synd.

Och utan ett ord mera till Ellekare, som står eldad av predikonitets ande, går jag in i Gammel-Elles kåta för att dricka kaffe och leka med den svarta lilla hundvalpen. Därinne sitter Marge, gamlingens dotter, och i sin famn har hon sitt yngsta barn, en halvårsgammal liten flicka, som gnäller och kvider och vrider huvudet otåligt undan moderns bara bröst.

– Inte vill hon äta heller, säger Marge bedrövat till Elle, och skriker gör hon för jämnan. Vad kan det vara, som hon har fått i kinden. Kan du säga? frågar hon mig och visar fram Inker-Annas lilla kind, som på ena sidan är svullen och röd och ful.

Jag tar på den – den är hård och het och tydligen mycket öm, för Inker– Anna häver upp ett hickande tjut och fäktar med små, små händer i vild förtvivlan.

Det är väl en böld, tänker jag för mig själv och ordinerar varma grötar när vi ligger i läger och sedan schalar omkring huvudet på flyttningarna, så att inget drag ska komma åt kinden.

– Ja, svarar Marge oroligt. Är det farligt tror du? Dör hon?

Hennes ögon är så bönfallande och förtvivlade att jag knappt kan möta dem fast jag visst inte tror att det är någon fara med flickan, utan söker ta på mig den säkraste och karskaste doktorsmin jag kan, och svarar med trygg röst:

33

– Visst inte! Lägg bara grötar på ofta – pia podji dauja niera nala.

– Ja, ja! svarar Marge och lutar sig med ett lyckligt leende över den lilla kvidande tösen, far smekande med sin mun över det smala lilla ansiktet och mumlar de ömmaste ord med den ömmaste röst. Så värdiga och behärskade som de annars är, lappkvinnorna – så tröga till allt vad känsloutbrott heter att man ibland nästan undrar om inte deras hjärta är av is – mot sina barn förmår de inte hålla ömheten dold djupast i sina sinnen, inför dem kan de inte dölja sin oändliga kärlek. Den lyser fram i deras ögon, i deras händers mjuka grepp, den hörs i rösten, som får en så mild och varm klang och i orden som faller så milda och vackra, när en mor, som Marge nu, lutar sig över sitt lilla barn och trycker det intill sig. Aldrig har jag sett en moderskärlek så stark som i dessa små vildmarkshem, aldrig hört mildare röster, sett ljuvare blickar.

Dagen därpå kommer Marge till mig tidigt på morgonen och Inker-Anna har hon med sig.

– Nå? frågar jag. Har du haft grötar på?

– Ja då, men inte är hon bättre.

– Får jag se! ber jag och lindar schalen från flickans huvud, Omknuten med en smutsig halsduk ligger där litet kall gröt, och kinden är precis lika svullen och hård och röd.

– När lade du på den här gröten?

– I går kväll.

– Men du skulle ju lägga på ofta, sa jag dig.

– Ja men sen var det ju natt och då måste jag sova och kunde inte koka gröt.

– Ja, bryr du dig mer om nattsömn än din flickas liv, säger jag förargad, då är det ingenting att göra åt saken.

34

Det var grymt sagt, och jag ångrade mig också genast, men det lät så likgiltigt det hon svarat mig att jag inte brydde mig om att väga orden. Men Marge blev så vit som snön utanför dörren, hennes ögon blev svarta av ångest och med en röst som var låg och hes sa hon:

– Dör hon nu, för att jag sov?

– Nej nej, hon dör visst inte Marge – jag blev bara ond på dig för att du inte förstod hur viktigt det är att du sköter henne väl nu, när det är kallt om nätterna och kinden ska ha det så varmt. Men gå nu genast hem, så ska jag komma om en stund och hjälpa dig.

Ellekare är tolk, ty än kan jag inte säga så många och så svåra ord på lapska som det här samtalet fordrar, och när hon slutat mitt anförande reser sig Marge snabbt och försvinner genom oksan (dörren), som om livet hängde på hur fort hon kom hem. Tillsammans lägger vi sedan gröt på Inker– Anna, som lugn och nöjd somnar så fort det varma tagit bort de häftigaste smärtorna. Under dagens lopp byter Marge gröten varje timme, och när männen går för att hämta renarna från hjorden sticker Nikko in sitt svarta huvud i vår kåta och lägger ett stort stycke torrkött i mitt knä, där jag sitter och stickar. Och så nickar han med ett vänligt grin och går igen utan ett ord.

– Han tackar för Inker-Anna, säger Ellekare och väger med belåten min renbog i sin hand. Det här blir bra i vårt hushåll det!

Ellekare och jag bor nämligen endast nu under flyttningen i Gates och Heikkas kåta, vi är inackorderade hos dem, men när vi väl hunnit fram till sommarvistet får jag min egen kåta – skolkåtan – och mitt eget hushåll. Det är därför Ellekare så förtjust låter köttstycket gunga i handen, då vet hon att det finns mat åtminstone den första tiden – hon har tydligen intet som helst förtroende för de matförråd jag medför i mina fem fullastade pulkor.

– Lägg det i första pulkan, Ellekare, säger jag, så kan vi äta av det på vandringen i natt om vi bli hungriga.

– Ja det vore nog mycket bra, nickar Ellekare gillande och ser på mig med en blick som kan tydas: Du är kanske inte så dum ändå som jag trodde. Fast kristen är du inte!

Och så går hon ut med köttet och tar sedan itu med packningen av de saker vi haft uppe under vilodagarna. Gate är redan i full gång med förberedelserna till flyttningen, och det dröjer väl heller inte så länge förrän männen kommer åter med härkarna.

Den sista raiden är färdig och sakta börjar färden västerut. Vi har en mycket lång vandring framför oss denna gång, avståndet mellan trädgräns till trädgräns över högfjället måste tas i två marscher, och som den sträckan inte kan beräknas till mindre än sex mil måste vi nog gå minst ett halvt dygn i taget för att hinna, ty så sakta som renarna nu skrider fram och så tungt som föret är med flera tums nyfallen snö ovanpå skaren tar tre mil en rundlig tid. Det är av den allra största vikt att vägen kan tas i två marscher för vedens skull. På högfjället växer inte ett strå en gång och man är uteslutande hänvisad till det björkris man fört med sig från trädgränsen. Tar det slut har man inget annat att göra än att frysa och det händer heller inte så sällan att man gör det, har Gate berättat för mig, ty pulkorna är redan förut tungt nog lastade och därför kan man endast ta med sig det minsta möjliga kvantum ved.

Så vandrar vi då och hoppas på vackert väder. Uppåt, uppåt bär det nu i långsträckt, sugande sluttning, saktare än vanligt

trampar renarna fram, det knarrar och skriker under pulkorna
och skidorna glider trögt. Gamlingen går först, sen kommer Elle,
sen Marge, sen Nikko, sen hela den långa svarta raden av pulkor,
människor och djur. Hundarna lufsar slokörade efter, och allting
är så tyst att pulkornas knarrande blir till ett stort och nästan
outhärdligt buller. Alla går i sina egna tankar, ser så sorgsna ut
som om tunga bedrövelser väntade dem, och ingen ler och
hojtar som alltid annars på våra flyttningar. Är det den blygrå
himlen som gör dem oroliga, är det vinden som börjar blåsa kall
eller är det något annat, något som jag aldrig kan gissa, aldrig får
veta kanske? Det är som om vi hade lik i raiden, tänker jag för
mig själv och minns i samma ögonblick en ohygglig historia som
Ellekare berättat för mig, om en flyttning när hon var med och
en ung flicka dog.

— Hon var den vackraste flickan i byn, sa Ellekare, men hon
var inte kristen. Hon joikade och var mycket fåfäng och tyckte
inte om att arbeta. Men vacker var hon och glad jämt. Hon skulle
gifta sig med en pojke i samma by och han var också med på
flyttningen. En kväll blev hon förskräckligt sjuk, men fastän hon
skrek så det hördes över hela lägret fick ändå ingen gå in i kåtan
för hennes mor, som höll igen oksan och sa, att ingen hjälp
behövdes. Och då var ändå den utav alla lappkvinnor som är den
bästa läkaren framme vid kåtan och ville gå in. Nej! sa Marja,
hon behöver ingen hjälp. Men flickan hon låg där inne och skrek
så förfärligt att man knappt kunde stanna i lägret. Om natten
dog hon, och Marja la henne i den finaste pulkan och risade tätt
över henne. På kvällen skulle vi flytta vidare – det var på våren
det här – och vi skulle gå en krok så vi kom förbi de dödas ö som
låg i en stor norsk sjö, och där skulle pulkan med liket sättas, tills
vi kom förbi på hösten igen. Då skulle det tas med och begravas i

vigd jord vid Andersmässan. Men vi hade inte gått långt stycke, förrän Per, det var hennes käresta, började slå ikring sig med händerna och skrika och springa från raid och allt. Alldeles vit var han i ansiktet och ögonen så skrämda som en renkalvs när lasson tar modern.

– Kom inte! skrek han. Kom inte hit! Tror du inte jag ser dig, ditt – – – och så svor han och sa stygga ord. Gå inte bakom ryggen på mig, skrek han, gå åtminstone bredvid mig. Till helvete kommer du, till helvete kommer du! Och så skrattade han och slog med armarna omkring sig. Ligg stilla i din pulka, spring inte efter mig! Se nu hur du skrattar! Kan du skratta du som inte får nån salighet! Och så tog han sig med båda händerna om huvudet och sprang igen. Marja, hon blev nästan skrämd från vettet och allesammans kände vi det allt förskräckligt, mest därför att han svor och sa så stygga ord. Pulkan med liket gick i den allra sista raiden, och en vit ren drog den, och Marja hade satt på honom flickans brudseltyg som hon hållit på att sy just innan hon dog. De var röda och gula och blå och hade mycket stass på, för den flickan var alltid så mycket för allt som var fint så nog skulle hennes brudsele vara finare än någon annans. Inte kunde hon väl tänka att hon skulle ha den första gången när hon drogs som lik. Per han vände sig också om och såg på pulkan. Gå tillbaka och lägg dig! skrek han igen. Jag har inget ont gjort dig, men nog vet jag vad du har gjort mig, ditt – – – och så sa han något fult igen. Men då gick en av de äldre männen fram till honom, en mycket from och kristen lapp: Be i stället, du Per, sa han och tog honom i armen. Be att Gud hjälper både dig och henne innan ni båda för evig tid får brinna i helvetets eld. Och Per blev alldeles stilla, som ett litet barn alldeles. Och han bad Fader vår och alla bad vi med. Och medan vi bad steg solen upp och det ondas makt var bruten. Sedan gick Per bort till sin raid igen, och utan att något vidare hände kom vi fram till de dödas ö. Och där lyfte Per själv pulkan upp i ett högt träd och ingen kunde veta hur han fick en så stark kraft, att han kunde orka lyfta det ensam, som annars är två mäns börda.

På detta går jag och tänker och minns fler och fler hårresande detaljer från Ellekares berättelse, när jag hör ett lågt rop från Gate och ser hennes hand peka framåt mot raiden. Och så skrattar hon så klingande att det är omöjligt att inte instämma redan innan man vet orsaken. Men den får jag snart nog klar för mig och något mer löjeväckande än den syn jag ser, kan jag knappt tänka mig. Främst i täten går gamlingen med värdiga, avmätta steg, hans korta kolt vippar och de långa lockarna flyger för vinden, över axeln ligger repet som leder första renen, efter renen släpar pulkan — sen finns det inget mer. Av någon anledning har ren nummer två slitit tömmen som band honom vid den föregående pulkans bakstam och naturligtvis stannat och med honom alla de andra i den raiden. Utom den första, som ledd av gamlingen, stilla och utan protest skrider fram. Gamlingen märker rakt ingenting, han känner, att allting går stilla och jämt, att renen följer utan möda, att alltså hela raiden är i god ordning – och så glider han majestätiskt vidare, nöjd och belåten att inte ha något extra besvär. Elle har inte hojtat på honom, annars brukar alltid den som går näst bakom ge alarm om han märker en oreda som ledaren kanske inte känner genast. Men Elle fnissade endast tyst och gjorde ett tecken åt en av sönerna att ta hand om den övergivna raiden, vilket denne också skrattande gjorde. Och där gick nu Nikke sin stolta gång i absolut ovetenhet om hur löjlig han tog sig ut med sin enda ren och sin enda pulka. Vi tillbringade alla en nästan farligt glad timme innan Nikke upptäckte attentatet. Vid den tidpunkten var vi alla så matta av undertryckt skratt att vi knappt orkade ta oss fram, och Nikkes min, när han kastade en blick bakåt för att granska sin långa ståtliga raid och endast fann en ren och en pulka, var något så obeskrivlig att den nästan tog andan ifrån oss. Ond blev han inte, för det var ju uteslutande hans eget fel att han gått så länge utan att se till raiden, men gränslöst skamsen såg han ut. Och sen gick han nästan baklänges i sin ängslan att det skulle gå på samma sätt en gång till.

I vår allmänna munterhet har vi knappt märkt att snön börjat falla allt tätare och att vinden virvlar om med den i vild fart. Vi har den i ryggen och därför känns den inte så svår, men renarna får allt tyngre att dra och snart faller en, om en stund ännu en, och det blir tydligt att vi snart måste slå läger för att invänta bättre väder.

– Det varar inte länge det här, säger Heikka och håller handen upp i luften för att känna på vindens styrka, men vi måste nog stanna ändå.

Det är bedrövligt, men nöden har ingen lag. Snön far redan i täta moln och pulkorna står knappt till att rubba ur sitt läge. Så slår vi läger igen efter endast fyra timmars vandring och det tas lite av den dyrbara veden till ett kaffekok. För övrigt äter vi torrskaffning och kryper så snart som möjligt ner i fällarna för att sova och glömma kölden och stormen utanför. På morgonen skiner solen igen och männen går redan tidigt för att söka härkarna så att vi snart ska komma i väg. Lite kaffe igen och några skivor halstrat torrkött, sen slocknar elden och vi huttrar i kylan som redan börjar kännas aftonvass.

En ny färd begynner; långa kalla klara mil vandrar vi, och efter tolv timmar är vi framme vid den plats som är utsedd för vila i ett dygn. Medan kåtorna slås upp inspekteras vedförråden av kvinnorna som kommer till det glädjande resultatet att vi kan få riktiga brasor och inte behöver frysa. Likväl handskas man försiktigt med de dyrbara kvistarna och när kaffet druckits och alla ätit sig mätta släcks elden – man kan aldrig veta vad fjällen har för väder i beredskap! Ånej, man kan aldrig veta!

När jag vaknar framemot kvällen är det snöstorm igen. Rasande, tjutande snöstorm, så att hela kåtan darrar. En liten ynklig eld lever ett tynande liv med mycken rök. Anne-Marja skriker i komson, Ristin sitter butter och sur med tummen i munnen och Pirhannes blå ögon har mist all sin muntra skälmskhet. Heikka täljer på en hornsked, hans ansikte är allvarligt, och när han ser min frågande blick skakar han bara på huvudet.

– Stygvejr nu. Flytje går int i natt och int i mora heller. Vi lätt bli här tils stygvejr ä över.

– Men veden – den tar väl alldeles slut?

– Vi får spara och frysa när vi inte behöver koka mat, faller Gate in. Det är inte annat att göra.

Gud så vi frös! I fyra dygn blev vi liggande där, mitt ute på högfjället. Jag sov mest, nedkrupen i fällarna, och så gjorde de andra. Men ändå frös vi så att ansiktena var blå och händerna skakade så vi knappt kunde hålla koppen när vi då och då ljummade upp lite vatten och kaffe att värma oss med. Ända till tredje kvällen räckte den ved vi haft med från trädgränsen, men då la Gate de sista små pinnarna under kitteln och Heikka såg ännu allvarligare ut.

– Blir det inte flyttväder i morgon heller, sa han, så får vi väl göra som för två år sedan, Gate.

– Ja, ja, svarar Gate och suckar. Men vi har det bättre nu ändå, Heikka.

– Hur var det då, om det kunde vara värre? frågar jag och sträcker händerna mot elden för att fånga lite av den svaga värmen.

– Jag fick Ristin då, svarar Gate långt borta i tankar, och så får jag höra en historia som kommer mig att glömma våra små svårigheter nu och endast tänka på det elände som rådde då. Det blev samma väder den gången: snöyra och storm, och knappt var det med veden. Så blev Gate sjuk i barnsnöd, svårt sjuk, så sjuk, att det såg ut som om både hon och det ofödda barnet skulle dö. Gammel-Elle var barnmorska, och svårare arbete har hon aldrig haft. Två män rullade och kastade Gate på en filt under de svåraste värkarna – det är det enda medlet att något lindra plågorna, förklarar Gate – och i två tre dygn varade förlossningen. Under den tiden måste elden ständigt brinna, annars hade hon väl dött av kölden om inte annat och för att få bränsle höggs både pulkor och kåtastänger till ved. På fjärde dagen saktade ovädret, så att Heikka och en till kunde skida tillbaka till trädgränsen efter ved, och samma dags morgon föddes Ristin till världen. Och kvällen därpå gick färden igen, med ett kvidande litet liv bäddat i framstammen av en pulka och en blek ung kvinna sittande bakom. En annan ledde hennes raid, ett par pulkor och kåtastänger hade förlorats, en ny människa hade börjat sin besvärliga jordevandring – det var ingenting mer med det. Att det var kallt så det dansade små blå stjärnor i luften brydde ingen sig om, kölden kommer och går, den rår man inte över, det blir ju sommar och värme en gång också!

Gate berättar sin historia med en röst som är fullkomligt lugn och lidelsefri, som om hon talade om en annan människa som hon knappt känner. Från gamlingens kåta hörs en yxa i starka hugg och Heikka nickar: "Nu tar gamlingen en pulka! Men jag väntar allt ändå till i morgon." Och det gör han klokt i, ty äntligen på fjärde dagen tystnar stormen, slutar snön att yra och solen skymtar dimmigt bakom molnen. Ett par kåtastänger får sörja för elden den dagen, alltid räcker det till några kaffetårar och lite halstrad sursik. Nu när man vet att vandringen förestår är alla tråkigheter så lätta att bära.

Medan vi väntar på männen och renarna går jag över till Marge för att höra hur det är med Inker-Anna. Det har inte kunnat bli så tätt med de varma grötarna nu, men kinden är i alla fall mjukare och börjar skifta i grönt och gult. Hon både äter och dricker och sover rätt lugnt, så Marge är glad och nöjd igen och anser all fara över.

– När det nu går hål på bölden så ska du säga till mig, kommenderar jag.

– Ja, säger Marge, men ska jag inte ta hål på den?

– Nej det får du inte göra. På inga villkor. Lägg många schalar om nu under flyttningen.

Renarnas klockor hörs långt bortifrån, och jag skyndar hem till Gates kåta för att hjälpa till med nedtagningen. En timme under ivrigt och ansträngande arbete, som gör en varm för första gången på många dygn – och så är vi på väg igen. Den näst sista vandringen innan den stora sommarvilan kommer.

Äntligen har vi hunnit till sista raststället och en härlig, veckolång vila väntar nedanför fjället Tsoutso. Högt och väldigt reser det sig ovanför våra små kåtor och sträcker sin vassa rygg så långt upp i himlen att den döljs av moln för våra jordiska stackars klickar som hädiskt höjs mot de glimmande vita branterna. Kommer man upp på det fjällets topp och vädret är klart så kan man se till Soppero, den lilla nybyggarbyn som ligger mitt i en oändlig sandöken, ja ända till Kiruna om man har en stark kikare, och följa hela den väg, som vi behövt veckor för att tillryggalägga. En lugn solig dag med en sakta vind sydostifrån förnimmer vi till och med ett svagt dån som upprepas flera gånger under dagens lopp.

– Det är elden från berget! säger Nikke. Nu får vi klart väder länge, när den hörs ända hit.

Elden från berget! Sprängskotten från Kiruna gruvor som hörs hit alla de långa milen! Vad det känns underligt att förnimma bullret från världen och människornas arbete härute i den tysta och döda vildmarken där man redan hunnit glömma att det finns något annat liv bortom den krans av fjäll som står runt horisonten och stänger ute alla tankar, allt medvetande om ett liv som inte är detta. Man ser solen gå upp och ner, ser månen hänga blek och bortglömd i den vita natten, hör riporna kuttra och locka på fjällbranterna, hör en rens klocka tona länge och milt i tystnaden, och man tycker att annorlunda får livet inte vara om det ska kunna levas. När solen går ned på natten sätter man på skidorna, hänger yxan i bältet, tar snarlyktorna i handen och snarorna om halsen och ränner uppåt stupen för att gillra snarorna. En kniv dinglar vid var höft, skidstaven frasar mot snön med klang som av stål, himlen är full av rosiga moln som sakta far mot öster, runt om står en kall och klar vårluft och riporna kuttrar förälskat i snåren. Kan livet vara vackrare, fullare än man lever det en sådan natt, vad bryr man sig om människor och buller och all världens fåfänglighet, hur kan man orka tänka på vad som finns bortom fjällens allvarliga rand? Det finns intet bortom, det finns inga andra människor än det starka, smidiga vildmarksfolket som bor i de svarta små kåtorna där, nedanför den sista fjällbranten, ingen annan värld än denna vita, ingen annan himmel än denna rosenröda, ingen annan måne än den bleka bukten där i norr.

Gud vet hur man blir häruppe i ensamheten på fjället, men det känns nästan som om det vore en svår synd man begår när man börjar hugga ris och laga till snarorna. Inte kan det väl vara synd att fånga en ripa, när man behöver den till mat, inte kan det väl vara en orätt man begår när man gillrar en snara så försåtligt att inte ens det skarpaste ripöga ska kunna se var den är lagd. Inte tyckte Heikka det var synd när han lärde ut konsten häromdagen och visade, hur riset ska huggas och sättas i häckar så att bara en liten glugg blir fri och farbar mitt i ett busksnår. Och att just i den gluggen gillra upp snaran – är det alltför slugt och fult gjort för att det ska kunna ha någon välsignelse med sig? Jag vet inte, det känns som när man gör något orätt, men det kan ändå inte vara riktigt mycket synd. Det blir bara en eller två ripor mindre som lockar och ropar varann i nätterna, det blir lite tystare bara, det är det hela. Och snara på snara gillras och lagas till med mycket arbete och besvär – de måste vara på sina platser innan solen går upp och det är inte lång stund till dess. Men det blir färdigt någon gång det också och sen går den susande farten nedför. Ho! så skidorna slinter på den isglatta skaren, farten blir farligt snabb och ibland stupar man utför en lömsk tvärbrant som i det villande nattljuset ser ut som den oskyldigaste, lätta lilla sluttning. Då gäller det att stå stadigt på benen, att inte fäkta i luften och ge upp alla möjligheter till ett ärofullt nedslag – det *kan* gå om man tar saken kallt. Men oftast blir det för den som är ovan en hisnande kullerbytta och ett blodigt ansikte, ty skaren smeker inte med lena händer så här års. Upp igen bara och skratta åt skråmorna, det svider mindre då, och sen utför igen med samma hetsiga, galna fart. Den sista biten är långsluttande, där står man stadigt och utan ängslan, där flyger man snabbare än fågeln och svänger fram mot kåtan så det sjunger om öronen.

Inne sover de redan, en del under rahkas – små extra sovtält av lärft, som spänns upp mellan kåtastängerna – en del bara med filten dragen över huvudet. Jag ser Heikkas mösstofs sticka fram under en fäll – sovande eller vakande har en lapp alltid mössan på, endast när han äter stryker han den av huvudet – och bredvid mösstofsen ligger Rill som med ett skarpt bjäfs rusar emot mig när jag lyfter undan oksan. De andra hundarna stämmer in och ett ögonblick är det ett ohyggligt väsen, men några ilskna ord från Heikka kommer dem att skamsna krypa in bland fällarna igen, och tystnaden sänker sig på nytt över kåtan. Endast Gate är vaken, hon sticker huvudet ut ur rahkasen och ler mot mig med sömnklippande ögon.

– Är du hemma nu? säger hon vänligt. Gör upp eld och få dig lite kaffe. Torrköttet ligger i laukon.

Så drar hon in huvudet igen. Ristin, som hon har bredvid sig ger upp en jämrande suck, sen blir allt tyst som förut, endast riset rasslar när jag drar ihop det till eld, svavelstickan fräser och den stickande blå lågan fladdrar med frän lukt, nävern kröker sig som i vilda smärtor när eldtungorna slickar den, och när riset tar eld smäller det med glada små skott, knastrar och piper. Kaffepannan står tillreds, vattenkitteln är full med halvfruset vatten, och kaffesäcken ligger inom räckhåll. Den är blank och liten, gjord av läder som från början varit ljusbrunt, men som decenniers sot och flott gett en vacker och skinande patina så att den nu är fullkomligt djupsvart. Ur den låter jag det finmalda hembrända kaffet rinna ner i kaffepannans lock – det är det rätta måttet – tar några saltkorn ur träflaskan, som hänger på en krok i boasson och skjuter pannan nära intill elden, makar veden väl omkring och ser noga efter att jag vänt pipen åt rätt håll, åt boasson, *från* ingången. Ve mig om jag ställt den åt andra hållet! Då hade jag dragit ofärd och fattigdom över kåtan och alla dess invånare.

Medan kaffet kokar åt det rätta hållet söker jag reda på smör och bröd och torrkött, drar kniven ur slidan och äter en måltid som kungen själv i hela sitt stora slott aldrig kan få maken till: gott, salt smör, fört med från Soppero i en storkagge, som ska räcka sommaren över, nybakat bröd av rågmjöl och vatten, mjukt och segt på samma gång med en frisk och delikat smak; och så torrköttet som skärs i långa tunna skivor och halstras på glöden eller äts rått, alldeles som man vill. Rökt renkött torkat i solen, det smakar som vildmarken doftar när det är sol och sommar.

Kaffet fräser över och i samma minut är Gates huvud på nytt ute ur rahkasen.

– Ge mig en kopp också! ber hon. Jag kan inte somna i kväll med någon ro. Jag vaknar så fort jag hinner. Får jag en kopp kaffe så blir det bättre.

– Då somnar du väl aldrig, säger jag, men Gate bara ler åt en så grov villfarelse och håller ut handen efter koppen jag är i färd med att fylla.

– Har du lagt bra med mjölk i botten? frågar hon och för säkerhets skull tar jag ännu en sked av den gryniga, torkade renmjölken och ger henne sen koppen som är hälld så full att även fatet nästan rinner över – det ska vara så, annars ser det snålt och lite världsvant ut.

– Socker! kommenderar Gate lakoniskt och utan ett ord tar jag ett par sockerbitar ur sockerdosan och räcker henne. Det brukas så också – koppen räcks från hand till hand, sockret likaså, det är inget krus med brickor och fat, inte i vardagslag åtminstone.

Och så dricker Gate och jag tysta vårt kaffe, det rofyllda suset av sovande människor fyller stillheten, och med en förunderligt stark känsla av hem och skydd makar jag samman bränderna så att elden flammar högre. Är det den som gjuter allt detta guld över kåtaris svarta väggar? Eller vad är det? Ett under har skett inför våra ögon. Är det samma kåta vi sitter i eller har någon mäktig trollkarls formel fört oss till en underbar lapphimmel där allt är av skinande guld! Till och med Gate som väl sett detta under kanske tusen gånger förr stannar av i sin kaffedrickning och fyller inte fatet på nytt, fastän hon redan har koppen på lut över det. Guld är alltsammans guld de svarta vadmalsväggarna, som nyss hängde så sotiga, de svarta stängerna över räppen, rent, lysande, skälvande guld. Elden som nyss brann så klar är blek och utan liv, de vita rahkas blir till gyllene vävnader av oskattbart värde och i våra pälskoltar lyser varje hår som doppat i flytande guld. Det gnistrar och böljar av guld vart vi ser – riset på golvet, stenarna kring härden, till och med den svarta kaffepåsen och de grå hundarna – allt är förklarat, förhärligat, skönare än något jordiskt.

– Päivi! säger Gate stilla. Solen. Nu går den upp, nu kommer ljuset.

Och sakta dricker hon ut sitt kaffe, ställer ifrån sig koppen, för rahkasens guldväv undan över sitt huvud och kryper in igen till Ristin och sömnen. Men utanför kåtan darrar luften i rosa och guld, himlens alla små moln har stannat i sin flykt – det är som om de stod stilla i förundran och tillbedjan, som om de sakta bleknade av hänryckning och salighet, som om de böjde

48

sig för sin härskares vilja och lät rosan gå över till glimmande, sprakande guld, medan rymden omkring dem blir djupare blå och månen skamsen sänker sin skära i väster. Ripornas kutter tystnar, renens klocka har ännu en ton hängande i luften, men sedan – inte ett ljud, inte ett knäpp. Molnen står alltjämt lika dyrkande stilla och gyllene och över de vita fjällen dansar solens guldkula med en glans som intet öga kan uthärda, när snön kastar skenet åter i brytningar och strålar. Och stilla går jag in igen i den varma kåtan, sakta löser jag bälte och förklädesband och skor och gömmer mig djupt nere bland fällarna för ljuset och morgonens klarhet.

– Nå fick du något? frågar Heikka intresserat när jag långt fram på dagen kommer åter från min vittjningstur. Stolt håller jag upp två snaror och i dem var sin ripa, och Heikka undersöker dem med tydligt gillande avspeglat i sitt mörka ansikte.

– Två! säger han. Du är nog väldig jäger du! Och så skrattar han så alla hans blanka tänder glimmar och återgår till sitt arbete att tjära skidor. Gate sitter tankfull framför elden och nickar bara när hon ser min fångst, som Ellekare genast tar hand om och börjar tillreda. Hon ser inte så glad ut som vanligt och jag tittar lite fundersamt på henne för att utröna om hon möjligen är sjuk eller vad det kan vara som gör henne bedrövad. Men det dröjer inte länge förrän hon själv talar om det. Det är Rill, han är sjuk, och Gate vet inte vad som kan fattas honom.

– Jag förstår mig inte på hunden, säger hon. Inte äter han och inte skäller han och inte slåss han! Och bekymrad ser hon på hunden som dåsig och slö ligger utsträckt framför elden. Titta, jag räcker honom rena köttet och han blinkar inte en gång!

Hon håller framför hans nos en bit rått kött, som i vanliga fall bestämt skulle kommit Rill att tvivla på hennes förstånd och fått honom att som en blixt kasta sig över det – kött bjuds minsann inte alla dagar – men nu vänder han endast bort huvudet och suckar med gränslös bitterhet och sorg. Och Gate suckar också, ty Rill är en god renhund och en bra kamrat åt barnen.

– Ja, han är nog sjuk, kräket? säger jag och far undersökande med handen över hans kropp för att söka utröna om han gjort sig illa vid något av de täta och vilda slagsmålen med sidaens övriga hundar. Men upptäcker endast hur ohyggligt mager hans stackars kropp är under den lurviga pälsen, hur varje revben ligger bart och vasst utan ett spår av kött över, hur muskler och senor är smala och hårt spända över benstommen. Gud vet vad en lapphund lever av, tänker jag för mig själv och stryker sakta hans smala nos som vilar mot mitt knä, jag har aldrig sett dem få ett riktigt mål mat på de veckor jag flyttat med kåtan – någon enstaka gång en stekpanna full med buljong efter ett lappkok. Lapparna äter själva mycket sällan köttspadet, det urkokta köttet tar man noga vara på och endast det allra fetaste skummet som blåses av den översta ytan används till att doppa köttet i. Den andra klara, starka buljongen ges åt hundarna, ett par pannor fulla i veckan. *Kanske.* Något annat såg jag dem aldrig få. Men så är de också så hungriga att de äter det golvris på vilket möjligen en köttbit en gång fallit, och anser det inte för lönlös möda att i timmar borra och böka med nosen i golvet för att slutligen triumferande glufsa i sig en ytterst minimal brödbit som någon tappat under måltiden. Ibland ligger de dock hoprullade i mätt belåtenhet utan synbar anledning och har då förmodligen gjort sig ett gott mål på en råtta eller något annat skogens djur som de lyckats fånga.

Så mager som Rill nu är har jag dock aldrig känt ens någon

lapphund vara, och Gate och jag ser fundersamma på varandra.

– Han har masken, tänker jag, säger Gate. Jag får gå till Matte.

– Mask? Har Matte bot för det?

– Matte *vet* något! svarar Gate med mystisk röst och med tonvikt på vet. Och jag undrar vad han väl i all världen kan veta som gör att Gate tänker gå till honom med en sjuk hund.

Matte är en liten böjd lappgubbe som i mina ögon just inte ser ut att veta något särskilt alls, men jag minns att han har klara små bruna ögon och ett vänligt leende. Han är en fastboende fiskarlapp, som året om har sin kåta på samma plats och det ställe vi nu ligger stilla på är endast några kilometer från hans hem. Gate kastar ännu en granskande blick på Rill som inte en gång orkar lyfta huvudet ur mitt knä, och så går hon ut, tar skidorna på och ränner bort åt Mattes håll med stor fart. Jag lyfter undan kåtaduken lite där jag sitter och ser henne med skickliga, snabba kast ta sig uppför den branta fjällsidan, men jag glömmer både henne och hunden för den starka doft av vilt som strömmar från en ripstek, som sakta vänds över elden på en träpinne. Runt, runt snurras den, blir ljusbrun och ångande av smör och hetta, doftar så till och med Rill med en glimt av intresse lyfter upp nosen, och knastrar så lockande att det är knappt man kan vänta tills den är färdigstekt. När man i tre veckors tid inte har ätit annat än torr kött och stekt renbringa till morgon, middag och kväll är det inte utan att utsikten till en ripstek, är den än aldrig så seg, känns som om man vore bjuden på det största och finaste gästabud i världen. Det snösmälta vattnet smakar som kostligt vin när man sköljer ned en ripvinge; och det nybakade rågbrödet som ligger till tallrik blir genomdränkt av brynt, droppande smör och smakar nästan som fågel det också, när det sedan bryts och äts bit för bit. En furstlig

51

måltid från början till slut – slutet är två stora koppar starkt kaffe som Ellekare tillrett.

Jag har knappt svalt den sista klunken förrän Gate kommer åter med Matte, som hon träffat på väg till lägret. Matte, som "vet något" och kan bota en hund som har mask.

– Han äter inte och dricker inte och skäller inte! säger Rills matmor och betraktar frågande Matte. Nog har han väl masken då?

– Det är masken ja! svarar Matte tvärsäkert, lyfter Rills huvud ur mitt knä, för ett par fingrar in mellan hans käftar och undersöker tungan. Och så sjuk är den eljest så ilskne Rill, att han endast morrar över denna främmande människas närgångenhet, endast suckar djupt och kastar en plågad blick omkring sig. Gates ögon släpper inte Mattes ansikte för en sekund, och när han kort förkunnar: mask! börjar hon genast en del förunderliga förberedelser. Först tar hon fram baktråget – en vid, avlång skålformigt urholkad björkstam – så tar hon lite aska från härden och lägger i två små prydliga högar mitt i tråget, där bredvid ett par vassa träpinnar som hon först omsorgsfullt spetsat och skalat, så skär hon av ett stycke kött och placerar det vid sidan av askan och allra sist läggs kåtans vassaste kniv i skålen. Jag makar mig närmare för att se vad som vidare ska bli av, men Gates förberedelser är slut, så när som på ett par repstumpar, vilka rullas ihop i ring kring askhögarna. I stället kommer Mattes tur, och han slår sig ned på golvet med vitt utspärrade ben, ställer skålen inom räckhåll, tar försiktigt upp repen så att inte askan rubbas och river med ett raskt grepp Rill på rygg ned mellan sina knän, där allt hans gnyende och jämrande tjänar till intet. Repen slås om hans käftar, ett om över- och ett om underkäken, och Gate och jag håller i var sitt så att hans gap blir vitt uppspärrat. Så flyttar Matte skålen lite närmare och operationen börjar. Detta är att "ta masken av hunden":

Matte tar en nypa aska från en av högarna, griper med vänstra handen ett fast tag om Rills tunga, som tack vare den tröga askan inte kan glida ur greppet, drar den ut så långt det går och viker spetsen över fingret, så att undersidan kommer upp, glatt och spänd. Så sträcker han ut högra handen, tar kniven och gör i tungans mitt, alldeles intill den stora blodådern, ett raskt, långt snitt, fattar sen en av träpinnarna, för den in i skåran och petar fram ett litet vitt, runt benstycke som verkligen är så likt en mask och kröker sig så levande att man måste känna och fingra på det för att bli övertygad om att det verkligen bara är ett stycke halvstyvt brosk.

Så skickligt och raskt har allt gått, att Rill knappt hunnit märka vad det är fråga om förrän han redan är opererad och står förbluffad med viftande svans framför Matte som lagt "masken" i skålen och nu skär av bägge dess ändar. Mittstycket lägger han därefter i köttet, stoppar väl in det och slänger alltsammans till Rill.

– Ja, du kan försöka, säger jag – han äter minsann inte! Men han äter, han sväljer det helt, och svansen viftar i vild förtjusning – Gate slår upp lite buljong som står i en gryta och han dricker och lapar så det är en lust. Matte ser på och ler sitt vänliga leende åt min häpna min.

– Han blir bra nu. Jag tog masken ifrån honom ser du.

– Men Matte, det där var väl ingen mask, det var ju ändå bara ett ben?

– Det kan vara en mask och det kan vara ett ben, och det kan inte vara en mask och det kan inte vara ett ben, svarar Matte orakelmässigt, och det är allt jag får veta om den saken. Men Gate förklarar sedan, när han har gått:

– Det händer emellanåt att en hund slutar upp med att äta och skälla och ligger som om han vore död. Oftast är det en av de flinkaste hundarna, en söm skäller mycket och springer fort. Och då har han masken. Och det var det du såg Matte ta bort. Och om Matte inte hade tagit den nu, så hade den vuxit ännu mer, runt ikring tungspetsen, och då hade Rill dött. För om en hund inte kan böja tungan kan han inte äta och inte slicka och då dör han. Men nu är Rill frisk igen och blir inte sjuk mer.

– Hur vet du det då?

– Jo, han åt masken och när de göra det så blir de aldrig sjuka mer. Om de inte äter upp den, utan låter den ligga, så kommer masken igen.

Och Rill är frisk som en nötkärna igen, det märker jag tydligt om ett par timmar på de andra hundarnas fransade öron och ödmjuka hållning – om det nu är masken eller något annat som förut tärt på hans morska sinne. Men att det är slut på den grönare hundungdomens självsvåld och översitteri, som vuxit skyhögt under Rills sjukdom, det finns det inget tvivel om – de slokar med svansen allesamman och trycker sig ödmjukt upp mot väggarna, när deras herre och mästare behagar flytta sig från en plats till en annan. Och den svalda masken borgar för att några gyllene frihetsdagar ej längre vinkar för dem ens i det mest avlägsna fjärran.

Men det är en operation som återstår innan färden får gå vidare, och det är lilla Inker-Annas böld som under de sista dagarna blivit alltmer gul och grön och där varet nu nästan skvalpar inuti. Jag reder mig att gå till hennes kåta och tar med mig lite förbandsartiklar och en steriliserande vätska ur min medicinkista – jag har en plåtlåda som innehåller lite av varje som kan bli till nytta vid enklare sjukdomsfall – och så vandrar jag åstad till Marges kåta som ligger ett stycke bort på en liten höjd. I backen upp mot Marge träffar jag på Inker och Pirhanne och Ristin som varit spårlöst försvunna från kåtan hela förmiddagen, och med dem all den späda lappungdom som de tre unga familjerna ståtar med. Det vill säga den del av den som något så när kan stödja på sina ben. Med vilda skrän och förtjusta hojtningar kommer ett helt lass åkande utför backen – jag försöker räkna dem i förbifarten men hinner inte längre än till fem förrän de är förbi och glider ut på slätten med god och vacker fart. Allesammans faller av så småningom – en och en alltefter ålder och värdighet och sist sitter Inker triumferande kvar medan de andra rullar omkring som små röda och blå bollar i snön. De två sammanbundna skidorna far oberört vidare på sin bana och det blir stor kapplöpning om vem som först ska nå och hämta dem åter. Inker segrar på nytt med anciennitetens rätt, hela skaran knogar uppåt igen, skrattande och stapplande – Ristin, som är minst, dras vid händerna av två något äldre, ibland stupar alla tre på näsan och det blir en stunds spännande tystnad medan de funderar på om de ska tjuta eller ta saken lugnt, vanligen beslutar de sig för det senare och kravlar vidare med ansikten som är blossande röda av ansträngning och solbränna. Och så går den vilda jakten utför igen – alla sju makar ihop sig tätt på skidorna, ho! ropar en och så börjas det. Sakta först, sen fortare och fortare, tills de små betänkligt börja vackla, falla av och dra en del med sig i fallet. Det är ett skratt och ett skrik och ett jubel så att man tycker sig aldrig ha sett barn leka förrän nu, under denna djupblå himmel, på denna oändliga vita slätt, med denna strålande varma sol, som skiner och ler över alltsammans.

Jag glömmer minsann både Inker-Anna och alla sjukdomar som finns där jag står och ser på den glada kälkåkningen och när Inker frågar: "Ska du åka med?" så gör jag naturligtvis det, faller av som de andra, det är inte möjligt annat, och tar min andel av Ristin i uppförsbacken. Men när jag står färdig att åka ned för tredje gången återkallas jag till dygdens stig av Marge, som kommer ut ur kåtan och ropar på mig med ivrig röst. Och när hon slår oksan åt sidan hör jag Inker-Annas späda stämma som gällt skär genom den stilla luften.

– Hur är det med henne? frågar jag, när jag varm och andfådd hinner upp.

– Det har gått hål nu! förklarar Marge stolt, och fastän jag har mina privata små tvivelsmål om att det verkligen "gått" hål, och inte petats med en mer eller mindre ren nål, så får det i alla fall vara med den saken som det vill. Inker-Anna är pigg och morsk som aldrig förr och småler till och med älskvärt mot mig. Men tillsmord och smutsig är hon så jag får fullt upp att göra med att tvätta henne ren, medan Marge ängsligt följer alla mina förehavanden.

– När badade du henne sist, Marge?

– Å, det är nog över en vecka sedan nu, tänker jag. Jag har inte velat göra det när hon har varit så här dålig. Och så är det sugningstiden också nu och hon är så orolig för den skull.

– Sugningstiden???

– Ja, svarar Marge och skrattar lite åt min förvånade röst. Ser du, när hon föddes, så var hon så liten och nästan kvävd av navelsträngen och mor min, som då var hos mig och hjälpte mig blev rädd och trodde jäntungen skulle dö. Och för att hon inte skulle göra det så tog hon och sög henne över hela kroppen, och då tog hon sig och blev vid liv. Men sen dess så måste hon sugas med jämna mellanrum – så där en fem, sex veckor emellan, annars blir hon sjuk. Och hon skriker och gnyr och vill inte äta förrän hon blivit sugen, och vill bara ligga på rygg. Och så blir hon alldeles blåaktig över hela kroppen. Se själv här så ska du få se.

Hon drar upp Inker-Annas kolt så hela den lilla magen blir bar och verkligen är den inte lite blåaktig, som om barnet frös mycket. Och jag säger också:

– Hon fryser väl bara nu, stackarn.

Men Marge skakar på huvudet och försäkrar, att hon haft så mycket om henne att det inte kan vara möjligt.

– Jag ska suga henne nu, förresten, så får du själv se att det går bort.

Jag lägger mera ved på elden så den brinner riktigt varm, Marge löser upp Inker-Annas kläder och lägger sin mun mot det sprattlande och tjutande lilla livet, och ögonblickligen tystnar skriket. Inker-Anna ler och kluckar av förtjusning och Marge för sin mun sugande över bröst och rygg. Det blir små röda märken i huden och det är som om det röda spred sig, fördelade sig över hela kroppen, den blåa färgen försvinner och snart är det ett alldeles skärt litet knyte som sprattlar i Marges knä och sträcker sig av välbehag framför den starka elden.

– Nu ser du själv, nu är det blå borta. Nu skriker hon inte heller längre! säger Marge lugnt. Om fem veckor är det likadant, eller kanske sex – det blir längre mellan var gång ju äldre hon blir. Men nog måste hon bli flera år innan man slipper att suga henne.

– Är det ofta så med små barn, Marge? Att de måste sugas?

– Ånej, inte så ofta. Men det händer ibland. Det beror bara på om man kan få dem att leva vid födseln utan sugning. Men görs det då så måste man hålla på en tid framåt, och gör man det inte för var gång barnet visar att det behövs så dör det. När tror du jag kan våga bada henne?

– Det är nog bäst att du väntar lite med det tills hon blir alldeles frisk, annars kan hon bli förkyld så kallt som det är.

– Ja, det är väl bäst det, men hon skulle allt badas snart, för det är bra länge sedan nu.

När det gäller barnen är lapparna renliga i allra högsta grad. De badas och tvättas ordentligt och samvetsgrant under sina första två år i denna jämmerdalen. Sedan är det slut – sedan blir det aldrig tal om ett bad så länge livet varar. Lite vått i ansiktet kallas för tvättning; halsen kommer sällan i fråga, händerna ett par gånger i veckan. Det är allt. Utom håret – det tvättas varje söndagsmorgon både hos män och kvinnor, men det får väl förmodligen skrivas på självbevarelsedriftens konto, ty det är gott om ohyra i lappkåtorna och i den tjocka, långa kalufsen finns det otaliga kryp. Nästan var kväll är det jakt, och den börjas vanligen när aftonmåltiden är undanstökad och elden brinner hög och klar. Då lägger mannen plötsligt huvudet i emäntäs knä sedan han först strukit av mössan. Och emäntä drar med en behagfull gest kniven ur slidan, flyttar och plockar i de orediga lockarna och dödar offren mellan tummen och kniven. Under tiden tar de andra sina koltar och halsdukar i skärskådande och gör då och då ett snabbt grepp och för handen över elden där massbränning sker. Inker brukar i allmänhet sköta Ristins huvud medan Gate tar hand om de andras, och när arbetet är slut torkas knivbladen lätt av mot riset och sticks så med största lugn in i slidan igen. När man sedan dagen därpå ser bröd och kött skäras med samma knivar, så tycker man kanske att det är lite besynnerligt, men det är vars och ens ensak och ingenting som tycks inverka på det allmänna välbefinnandet. Till Gates ära vill jag säga att hon tvättade sin kniv innan hon på nytt använde den till mat, åtminstone när hon skar till kött åt mig och när jag såg det – Gate var alltid ovanligt ren och snygg – men många gånger såg jag andra emäntär, som utan en tanke på att det kunde vara annat än en fullkomligt naturlig sak använde sina knivar till maten efter att bara ha strukit av dem mot riset och kolten när huvudskötseln var överstånden. Annars är det egentligen ingenting att anmärka mot renligheten. Att var och en noga slickar av sin sked efter begagnandet och sticker den i barmfickan till nästa gång är ju ingenting att klaga på, och att man ofta räcks en sådan sked när man kommer som gäst i en kåta är kanske inte så trevligt – men man blir så snart van. Och inte fäster man sig väl vid att de två kaffekoppar som finns i ett hushåll får vandra många gånger laget runt utan att diskas innan alla hunnit få sin ranson av påtår och tretår! Man får inte ha för stora pretentioner. När man är ute i vildmarkenär vattnet dyrbart. I synnerhet på vintern då varje droppe ska smältas av snö, och veden är besvärlig att skaffa. Man får vara glad att man har tillräckligt att dricka och har inte rätt att begära att det ska diskas och tvättas jämt precis som om man bara hade en kran att vrida på ur vilken outtömliga förråd av vatten strömmade.

Fällar och filtar vädras och piskas ofta, innerkoltar och ytterkoltar likaså, och halsdukarna tvättas och kokas med inte alltför långa mellanrum. Så jag tycker på det hela taget inte man kan klaga på renligheten. För övrigt blir det så lite smuts – på vintern åtminstone. Utanför är bara den rena snön, lägret ligger aldrig länge på samma ställe och begreppet smuts finns noga räknat inte. Det som finns är sot, och det är sotet som sätter sin patina på allt och kommer det att se svart och smutsigt ut. Men sot är inte smuts och en lappkåta är inte smutsig – den är bara svart och nedrökt. Bohaget är skamfilat och nött, men man kan inte begära att det ska se prydligt och fint ut, när det ständigt packas och packas upp, när det förs omkring hundratals mil varje år, och när var sak alltid är i användning, alltid är absolut nödvändig att ha till hands. Det är ett under ändå hur allt kan hålla samman och åtminstone vara helt. Men det beror på packningen, och aldrig kan man väl få se någon packa mera genialt, mera snabbt, mera med användande av vartenda litet skrymsle än en lapp.

Som Gate nu, när hon står lutad över kökspulkan, när jag kommer tillbaka från min utflykt till Marges kåta. Varje sak har sin bestämda plats – har väl haft det sedan urminnes tider – och varje föremål ligger väl skyddat, sinnrikt omlagt med fint ris. I det svartaste mörker kan hon gå till sina pulkor och plocka fram precis vad hon vill ha, därför att allt ligger där det ska ligga. Och det förklarar också i någon mån den fabulösa snabbhet med vilken ett läger kan slås upp och vara redo. Det söks aldrig efter något, ingen far omkring och frågar: "Var har du stoppat yxan? Var ligger kaffepannan? Var är snöspaden, i vilken pulka?" Alla vet var dessa saker ska finnas och där finns de också.

På samma sätt är det när raiderna ställs i ordning. Varje pulka har sin plats, varje ren har sin pulka, varje raidledare vet sin plats. Så leder t ex alltid emänta den raid där kåtatillbehören är packade, och samma ren drar den pulka där kåtastängerna snörts in – vanligen är det en gammal lugn oxe som varit med om mer än en flyttning, och det verkar som om han visste vilket ansvar som vilar på honom, när han har kåtan att dra. De långa krokstängerna släpar alltid en på var sida om pulkan eftersom de är för skrymmande och stora för att snöras fast bland de andra – och dessa krokstänger kan ibland ställa till ett förfärligt spektakel om de i en alltför skarp sväng hugger fast i något träd eller i en sten – pulkan kan välta, renen bli skrämd från vettet och hela raiden bli en enda hopplös röra. Det är därför som en gammal lugn härk alltid spanns för krokstängerna. När han blir van vet han vad han har bakom sig, tar ut alla svängar långt och försiktigt och ibland, vid svåra passager, kan man få se honom vända sig om och titta hur det ska gå, om han ska kunna klara ekipaget igenom. Gate har två utmärkta kåtarenar, det händer sällan att de trasslar till det för sig, och jag har många gånger sett henne le av stolthet när de rett sig där de andras ställt till oreda.

Hon har slutat packningen av kökspulkan nu, lägger lite ris över och börjar snöra det smala läderrepet, som håller det hela samman. Med ett stannar hon av i arbetet och böjer sig lyssnande fram.

– Nu kommer härkarna! säger hon och tar med fördubblad iver itu med snörningen. Ur de andra kåtorna kommer kvinnorna ut, brådskar fram och tillbaka med tunga bördor och långt bortifrån de stora slätterna hörs klockor klinga, hundar skälla och män ropa.

Den sista milen, den sista flyttningen, den sista långa vandringsnatten! I nära en månad har vi varit på väg nu – i en ständig oro, ett ständigt jäkt, med ständiga uppbrott, ständig köld, ständiga snöstormar. I kväll är det klart väder, fjällen står koboltblå mot den gula aftonhimlen och det är så stilla i luften att varje litet ljud liksom flyter ut i tystnaden och bärs miltals bort. Ja, så stilla är det att nyss, när jag stod utanför oksan och såg hur snön färgades röd av solen och hur en rens hornkrona tecknade sig spetsig och graciös mot den klara rymden – så stilla var det då att jag förnam min egen andedräkt nästan som ett buller. Och ändå andas man så lätt här.

Nu sitter jag inne i kåtan som är tom och övergiven, utan fällar och utan kisor, med endast en svag och frysande eld och en ensam kaffekittel som puttrar. I min famn sover Anne-Marja – lill-tösen – som ännu inte packats in i sitt varma bo i Gates pulka, och mitt emot mig sitter två rufsiga, slokörade hundar, som gnäller bönfallande med ögonen riktade på mig. Den ena har en väldig tung träkloss om halsen, den andra har ena framtassen uppbunden med en rem, och bägge ser så förtvivlade och självmordsfundersamma ut att mitt hjärta en minut blir rört till svag medömkan. Men jag förhärdar mig, för jag vet att de lider ett rättvist straff för gamla synder, och att om jag nu lossade på träkloss och framtass så skulle det bli en vild jakt på ren i natt, och kanske skulle då något stackars vilsekommet kräk få släppa livet till för mitt medlidsamma sinnes skull.

Jag minns väl den förra flyttningsnatten – snöyra och gråmörker hela tiden tills soluppgången kom. Då blev allt på ett ögonblick lysande klart, luften stilla, snön rosafärgad och fjällen så gnistrande vita och höga. Raiderna stannade några minuter, och alla vände vi ansiktena mot solen, som röd och väldig gled fram bakom en vass kam. Männen föll på knä för att tända sina pipor, kvinnorna för att vila – de korta pälsarna böljade om dem, och det var som om jag levde i sagornas värld, i länge sedan svunna tider då människorna gick i djurhudar och gav solen sina offer och sin dyrkan. Renarna hade trötta sjunkit ned på snön framför pulkorna och solen speglade sig i deras svarta, kupiga ögon som alltid är så sorgsna och fuktiga. Endast hundarna såg jag ej,de var som uppslukade av vidderna, och jag märkte att även de andra saknade dem och undrade. Då kom de. Smygande som vargar, inställsamma och krypande, med gnäll i struparna och ängslan i ögonen – och deras huvuden och bröst och tassar var purpurfärgade som solen på snön. Det stod en doft från dem av rått kött och varmt blod, deras annars så hungriga blickar hade en mätt, nöjd glans, och tungorna slickade ivrigt och regelbundet kring käftarna. Männen och kvinnorna flög upp, och med röster som blev hesa av raseri vrålade de till dem, slog dem, sparkade dem, rev och slet i dem, och den djupa stillheten blev fylld av skrik och tjut och vreda rop.

– Men vad är det, vad har de gjort? frågade jag, och jag visste att mitt ansikte var fullt av skräck över dessa människor som så plötsligt vände sig från solen och friden och blev till vilda, rasande djur.

– Vad det är! De huggormarnas avföda har dödat en ren på fjället och rivit i sig honom hel och hållen.

– Dödat! Men de vaktar ju och skyddar renen och skulle väl vara hans vänner?

– När människorna är med ja, och när många renar är på ett ställe. Men inte annars – det ska du inte tro. Då är de likadana som ulv och järv, och träffar de en ensam ren, som nu på våren till är svag och matt och inte orkar löpa ifrån dem, då är han snart i deras bukar. De biter sig fast i strupen och hänger med hur han än springer, och till slut orkar han inte mer utan stupar och slits sönder innan han hunnit till marken nästan. Å ni – – –

Och Heikka tar åter fatt på Rill och ger honom med hätska ögon många och tunga slag. Och när Rinki kommer i min närhet kan han vara säker på att en spark inte är utesluten, och jag känner en avsky och rädsla för honom så stark att det nästan är kväljande.

Så med den morgonen i minnet, där jag nu sitter framför elden, har jag ingen som helst lust att röra ett finger till deras hjälp och mitt hjärta förblir hårt trots allt deras ömkliga gnyende. Utanför stimmar barn och hundar i vild flyttningsglädje, renarna skakar på sig så bjällrorna klingar, kvinnorna hojtar och ropar till varann medan de snörar samman pulkorna, och männen ordnar raiderna innan härkarna spanns för.

Sista natten! Snart är det slut på vandring och slit – det är sommarens vila som kommer, när denna natt är över och solen härnäst står högt på himmelen. Kommer sommaren själv också? Jag har hört berättas av lappar, att ibland när de sista milen tillryggalagts kan det vara som en vacker saga och ett under alltsammans – så att när man kommer utför den sista fjällbranten rätt uppifrån snön och kölden och stormen kan dalen stå i lövsprickning, kan solen skina helt och stort, marken vara mjuk och grön och en ljum, len luft kan bölja omkring en. Och jag tänker på det höga, vita fjället där långt, långt borta – när vi hunnit över det är vi framme. Är sommaren där då, eller våren kanske bara? Lyser björkarna gröna där, är det spätt, ljust gräs att trampa på i stället för denna ishårda skare, där skidorna slinter som på glas, finns det andra färger att se och inte endast denna eviga, kalla vithet? Kanske fåglar sjunger där och fyller tystnaden med vårens alla tusen ljud? Kanske sveper där en ljummare vind än här, kanske växer där stora, höga träd, kanske skiner solen alltid, kanske brusar inga rivande snöstormar där, kanske...

Ratsch! Där föll kåtadukens ena halva och stängerna står frysande och svarta mot himlens blekblå oändlighet, medan gnistorna yr från elden och far uppåt som alltför varma och klara stjärnor. Anne-Marja vaknar med ett tjut som skulle kunna väcka döda och Gate kommer skrattande in, tar tösen och lägger henne till bröstet. Det är det sista mötet på många timmar och Anne-Marja tycks förstå att det är bäst att hugga för sig av alla krafter. Under tiden rasslar den andra halvan av duken utför stommen, och det känns så besynnerligt naket att sitta kring elden utan de skyddande väggarna omkring. Hundarna gnäller ändå sorgsnare och kryper ihop med nosarna i svansen, jag drar päsken tätare ihop kring halsen, knyter schalen fastare i kors över bröstet och huttrar till i kölden som nu kommer så nära. Men Gate sitter med uppfläkt päls och bröstet bart och skrattar åt mig och hela livet visst förresten, som hon gläds åt, så de bruna unga ögonen strålar och ler. Anne-Marja känner nog också att sommaren är ett bra stycke närmare och att det är ljuvligt att leva, ty hennes starka lilla näve griper ett fast tag om moderns bröst och med stora, mörka ögon ser hon upp i Gates ansikte och låter höra ett litet hickande, lyckligt skratt mot den blick som möter hennes i stor och glad ömhet. Så somnar hon, mätt och nöjd med munnen ännu halvöppen i skratt, och sakta sveper Gate fällar och filtar om henne och bär ut henne i sin pulka, där det är rett som ett fågelbo för Anne-Marjas lilla mjuka person. Och om snöstormarna rasar aldrig så vilt och kölden står som en knivsegg mot ansiktena, så nog har Anne-Marja det varmt och gott och lent, och vaknar hon vid en hård stöt från pulkan så hör hon genast Gates röst över sig – mild och lugn och tröstande.

Nu är kåtastängerna också nere, och de sista kopparna kaffe dricks, det sista riset flammar, pulkan med kåtatillbehören snörs samman och selningen börjar. Det är inte som att sela en häst minsann, att spänna remtygen om en ren. Nej då, det ska ingen tro! Det är inte lönt att komma klampande rätt på med bogträna över armen och tömmen dinglande, att helt lugnt kasta alltsammans över renens rygg och sen spänna och ordna så mycket man nånsin orkar tills allt är färdigt. För då skulle det inte bli någon flyttning av – efter en halvtimme skulle man stå ensam kvar med värkande armar och ben och titta på det ställe där renarna hade stått – medan de glättigt skulle ila upp mot fjällen och friheten.

Så här går det till när en ren ska selas: han står bunden med halsremmen i pulkan framför – pulkorna är ställda just i den ordning de ska gå innan renarna binds fast vid dem – och han stirrar tjurigt och lett, redan när man kommer långt borta. Bogträna och dragträt ligger redo, fastade vid sin pulka, och dem tar man först upp, skrapar dem väl rena från snö och is med slidkniven, och gör sig sedan beredd på att gå till anfall. Är härken gammal och slug ser han genast om man är ovan vid arbetet och störtar löst på en med skarpa klövar och vassa hornspetsar – är han ung och lite körd gör han precis detsamma bara i ett vilt försök att möjligen bli fri. Och på det viset har man det lika trevligt med båda sorterna. Det är inte värt att bli ledsen och modfälld om ett horn rispar upp kinden eller en klöv klapprar ned på ett par revben så det knakar i dem. Ta emot det utan att blinka, men häv upp ett så fulltonigt tjut som möjligt och slå tillbaka. Och när så det fromma djuret vilar sig ett ögonblick med hängande huvud och flämtande sidor, passa då på att med en blixtsnabb rörelse skjuta bogträt över nacken, spänna fast det, föra dragträt ned under buken, bakom frambenen, spänna fast det och placera dragremmen så att den inte trasslar sig och lindar sig om djurets ben, när raiderna ska sätta i gång. Men lägg noga märke till att allt detta ska gå med *en* jämn rörelse, utan avbrott, utan fubbel, utan ryckningar och hårda tag. Det är ett enda litet tag som gör alltsammans – ett enda smidigt kast med armen, och när man väl har lärt sig det en gång går hela selningen sedan utan ett spår till besvär.

Alla raiderna är färdiga, alla raidledare på sina platser utom männen, som på knä framför en halvsläckt, rykande kåtaeld tänder sina pipor med den sista glöden. Hundarna luskar omkring med hängande huvuden och släpande klossar och aktar sig noga för att komma inom räckhåll. Det slösas frikostigt med sparkar och slag under flyttningen, ty då måste det vara ordning mer än någonsin annars, ordning och lydnad. Det duger inte att ränna vilt omkring och skälla, att följa spår och intressanta dofter som möjligen kunna locka en hundnos – tyst och stilla ska hundarna gå på sidan om raiderna, långt på sidan, så att dragrenarna inte blir skrämda. Och försöker någon att smyga sig undan på egna vägar, uppstämmer hans herre och husbonde ögonblickligen ett så fruktansvärt vrål att den skyldige genast med slak svans ändrar kosa, medan han gör ett ytterligt misslyckat försök att se ut som om det blott varit en liten tillfällig och alls inte avsiktlig avvikelse från den rätta stigen.

– Ho! skallar nu Gammel-Nikkes röst. Allt är klart till uppbrott och med långa, säkra steg sätter han igång skidorna. Hans raid är lång – tolv stycken stora vackra härkar och pulkor, och efter honom trippar Elle med sin raid, efter henne Heikka, Ellekare, Gate, och alla de andra. Och likt en svart jättepil borrar sig det långa tåget in i vildmarken medan klockorna klingar, pulkorna rasslar och riporna kuttrar på fjällbranterna.

Sommaren är bortom det vita fjället där!

Ånej, inte var sommaren där. Inte sjöng fåglarna, inte grönskade träden, inte var marken mjuk och bar – snön låg där som på fjällen, björkarna stod svarta och våta, och en iskall vind låg på rakt norrifrån. Men var det inte ändå, som om vi kommit närmare våren, var det inte som om vi lög gladare och friare, som om vi andades lättare, som om solen brände lite hetare här än två mil längre bort, där Tsoutsos vita kam lyfte sig mot himlen? Var det inte ändå ljuvare här, blidare, ljummare – eller var det bara medvetandet om vilan som äntligen blev vår egendom, efter den långa, långa vandringen? Hela det stora byalaget låg här redan – vår sida var den sista på flyttningen, och runt om i björkskogen som sluttar ned mot sjön Tarfallajauri ligger kåtorna tätt med glada rökpelare ur räpparna. Klockan är inte mer än fem på morgonen och i vanliga fall är det ännu många timmar till den vanliga uppstigningstiden, men vår ankomst har fått alla på benen, och utanför varje kåta står det lappar som hälsar och ropar, frågar och skrattar. Och när renarna släppts och selats av sprider vi oss i de olika gästfria små hemmen och dricker kaffe så mycket vi orkar. Gate och Ellekare och Heikka och jag går in i den närmaste, och vi har knappt hunnit slå oss ned förrän vi har kaffekoppar i händerna och socker i munnen. Alla kåtans invånare är fulla av det mest odelade intresse för vår färd, våra mödor, våra prövningar, berättar om sin egen flyttning, som också varit besvärlig nog, men inte på långt när med så svårt väder, och beklagar oss högljutt och uppriktigt, när de får höra våra äventyr. Innan man vet ordet av har man satt i sig en fem sex koppar kaffe, sen kommer maten och kaffe igen, hur många koppar som helst. Emäntä – hon heter Sanna och har ett ansikte som strålar av välvilja och gästfrihet – kokar och steker, pratar och skrattar i ett gående och tycks inte en minut vara missnöjd eller sur över att mitt i natten ha blivit ryckt ur sin ljuvaste sömn för att vara värdinna åt oss. Utanför tar blåsten till, snön börjar yra, genom en reva i kåtaduken stryker en kall pust över ryggen och det känns dubbelt behagligt att krypa närmare elden som sprakar och värmer med höga flammor. Dåsigt skruvar man in sig i pälskoltens mjuka värme, ögonen blinkar sömnigt, inte ens kaffet förmår hålla en klarvaken. Det är alltför stilla härinne, alltför hemlikt och varmt när man kommer från kölden och de långa milen därute. Det är omöjligt att inte luta sig lite bakåt mot uppstaplade fällar som så försåtligt lockar bakom ryggen och sluta ögonen en minut i vaggande ro. Men Sanna vill tala med mig nu och som ur en dimma hör jag hennes klara röst:

– Nå du är lärarinnan du! säger hon och skrattar mot mig med oemotståndligt vänliga ögon när jag sömndrucken möter hennes blick. Du har fått sliti ont du på den här flyttningen. Voi, voi, sånt stygvejr ni har haft. Men nu får du vila och välkommen hit är du också! Hur ska du trivas hos lapparna nu tror du? Men vi ska vara snälla mot dig, du ska inte vara rädd. Vi ska nog försöka så du inte längtar ifrån oss!

Hon ler så vänligt mot mig, och rösten har en klang som hos en mor som ska lugna och trösta. Och allesammans nickar mot mig och skrattar och ser så milt på mig att jag nästan får som en klump i halsen och har lite svårt att se dem alla riktigt klart. Den finaste lady på jorden, de finaste, bästa människor av dem som lever i civilisationens värld skulle inte kunnat på ett förnämare och vackrare sätt ha tagit emot en främling i sin krets än Sanna och dessa lappar gjorde med mig.

– Det var väl inte krig i Sverige? frågar en gråskäggig, bistert blickande gubbe som rökt och spottat utan uppehåll från det vi trädde in i kåtan.

– Nej, det var det inte, svarar jag och ser oroligt på honom. Är det krig nu då?

– Lär allt vara det.

Jag känner hur jag blir ömsom röd och ömsom blek och reser mig till hälften upp, så klarvaken som jag inte varit förut på hela tiden.

– Vad säger du! Är det krig, verkligen krig?

Kan det hända så mycket på en månad? tänker jag. Det var så lugnt allting, när jag lämnade Soppero, hur ska jag komma hem, vad ska jag ta mig till! Och i en vild dans ser jag alla de mil jag vandrat åter bränna för mitt medvetande – ska jag springa dem igen med denna fasa inom mig, ska jag bryta upp nu genast och gå, gå över de öde vidderna, innan jag ens hunnit sova tröttheten efter den sista vandringen ur mig. Jag tänker allt detta så snabbt att det väl inte tar en sekund, och gubbens svar har ännu inte nått mig. Så hör jag hans lugna röst:

– Ånej, inte vet jag, men nog är det väl troligt. För skogs-Jon från Sappisasi drog här förbi i går och han kom just från Soppero. Och där är mjölet två gånger så dyrt nu som när vi lämnade det för sex veckor sen, och då kan det väl inte vara annat än krig. Voi, voi, vad det blir dyrt med mjöl och kaffe sen! När dom krigar. Tror du dom kommer och skjuter oss lappar?

– Visst inte! svarar jag och skrattar, så lätt om hjärtat igen som endast den kan vara som känner sig ha sluppit ifrån det svåraste i livet. Visst inte! Och det är inte krig heller för den delen, det är jag alldeles säker på. Mjölet kan bli dyrt ändå och kaffet med. Du höll på att skrämma mig rent fördärvad med ditt krig.

Allesammans skrattar igen, och mitt i den allmänna munterheten öppnas oksan försiktigt och en halvvuxen pojke kommer in i ett moln av snö. Han försöker göra sig så liten som möjligt, men Sannas kvicka öga undkommer ingen, och ögonblickligen blir han anropad.

– Nilsa, där sitter lärarinnan! Gå fram och hälsa nu vackert.

Och Nilsa skruvar sig förlägen och allvarlig fram till mig, räcker ut armen och lägger den om mina axlar: Boris, boris opahädja! mumlar han. Goddag lärarinna. Och: Boris, Nilsa! hälsar jag högtidligt tillbaka med min arm om hans skuldror.

Nilsa är Sannas son, och en vacker liten pojke är han. Ögonen är stora och bruna och allvarliga, ansiktet smalt med rena, ädla drag och håret långt och svart. Han sitter så förlägen mitt emot mig med en kaffekopp i handen, då och då möter jag hans blick som i smyg granskar och väger mig. Och när jag då skrattar, blir hans ansikte så flammande rött att ögonen nästan tåras. Det dröjer inte länge förrän oksan på nytt öppnas med stor försynthet, och en efter en kommer de äldre av mina disciplar tågande, alla ohyggligt förlägna och mer eller mindre fnittrande. De hälsar och talar med viskande röster, och försvinner som blixtar så fort de uppfyllt alla hövlighetsplikter för att utanför kåtan föra ett fasligt stim och oväsen, tydligen ämnat att imponera på mig.

Heikka och Gate har redan gett sig av till sitt arbete med kåtaslagning och rishuggning, men Ellekare och jag sitter i lugn och ro – vår kåta blir inte rest ännu på några timmar och vi följer Sannas råd och lägger oss att sova en stund. Sanna har hämtat in alldeles nya, obegagnade fällar och filtar och dem ordnar hon till mjuka bäddar. Jag får en skinande vit rakkas över mig och sover snart tryggt och lugnt.

Fyra timmar därefter väcker Sanna mig, naturligtvis med kaffe och mat, och sedan går Ellekare och jag i den piskande snövinden för att hugga golvris till vår egen kåta och reda den i ordning. Heikka har redan satt upp den och med alla krafter skyndar vi oss att få allting färdigt så snart som möjligt. Det ger en så glad känsla att arbeta för sitt första egna hem, om det också bara är en svart liten kåta långt uppe i Lapplands ödemarker, och vi är så ivriga både Ellekare och jag att vi varken tänker på tid eller rum. Åskådare har vi också, så många barn som finns i närheten och de ger oss ett handtag då och då, när det behövs. Emellanåt kommer det också någon fullvuxen som ger oss råd och vinkar när han kan, och alla är de djupt intresserade av vad mina pulkor kan tänkas innehålla. De har nog väntat sig de mest förunderliga saker och ser nog en smula besvikna ut när det ena efter det andra tas fram som är precis likadant som deras eget. Koksir (en sorts lapska träskopor med långa skaft), kisor, husgeråd av alla möjliga slag – allt är lapskt – och fastän de ser både gillande och förnöjda ut svävar det ändå liksom en missräkningens ande i luften över att ingenting nytt och märkvärdigt finns att se på. Till och med en vanlig lapprakkas har jag och en fårskinnsfäll att breda över mig. Ingen madrass att ligga på, som annars alla andra lärarinnor haft med sig.

Lasse, han gamlingen inne från Sannas kåta, ser sig betänksamt om bland sakerna, som ännu inte placerats på sina platser i kåtan, utan står huller om buller vid pulkorna. Så ler han med finurlig och skälmsk min, och all bisterheten stryks i ett tag bort från ansiktet:

– Du kan allt gifta dej med en lappgosse genast du! För hushållet ditt är i ordning med kisor och allt, det ser jag, och bara lapskt är det alltsammans. Mån tro vem de ska bli?

– Ja säj de du! småler jag till svar där jag står böjd över en pulka. Och det skrattas mycket och länge av alla åt det enkla och lyckade skämt Lasse kommit fram med. Det fordras inte mycket förrän allas ögon tindrar i leenden – och inte så mycket heller förrän sorgen får dem att mörkna. De är snara som barn till alla sinnesrörelser: fort bedrövade, fort tröstade — gråt ser man sällan, men sorg, som inte är mindre tung för det, och leenden är det gott om, men vemodet kan lura så nära att ett enda ord lyfter fram det ur mörkret igen. Men nu är det bara glädje som råder, och skratten kommer tätt och hjärtligt där minsta lilla anledning kan tänkas. Inte minst åt Heikka, som vid arbetet med att sätta upp luwin – ett sorts primitivt härbre, där maten förvaras för att skydda den för rovdjur och kringstrykande hundar – slinter på stegen och står huvudstupa ned i snön. Han slår sig inte alls och skrattar själv lika muntert som de andra när han klänger upp igen för att lägga sista handen vid sitt verk. Och när luvvin nu är färdig är det Ellekares och min tur att äntra uppför stegen och stuva in hela vårt matförråd i det lilla loftet, så enkelt men ändå tillräckligt för sitt ändamål, som allting är hos lapparna: två par höga, korsade björkstammar surrade säkert ihop med rep och i den klyka som de bildar ligger ett golv av smala stänger, och till tak ett par säckar och ris – det är det hela, men en säker plats för matförråd är det, inga djur kan nå det och inte regn eller snö heller.

Dit upp ska nu allt som inte brukas till varje mål, ty bröd och sådant stannar naturligtvis i kåtan. Och det är minsann inte det enklaste att krångla sig upp med bördor på den smala lilla stegen, som egentligen endast är avsedd att användas vid kåtans upp- och nedtagning. Den är gjord av en enda trädstam som karvats ur så att ram och steg blivit fria, men den är inte mer än tio centimeter bred på själva stegplattan, så bara en smal fot i sänder kan få rum. Stegpinnarna sitter långt ifrån varann, och den del som stödes mot marken består av en vass spets, som borrar sig ned så att stegen ej kan glida utåt, när någon står på den. Men snurra runt kan den så mycket ledigare och det fordras medfödd ekvilibristisk begåvning i allra högsta grad för att utan äventyr ta sig uppför och nedför den stegen. Så smal är den upptill att den minsta lilla vickning av den som klättrar ögonblickligen kommer den att snurra runt och befria sig från bördan. Och har man lyckligt och väl kommit upp genom något herrens under och stolt lutar sig inåt luwin för att placera eller hämta något där, viker den gärna åt sidan som om den vore fäst vid marken med gångjärn, och då skrider man snabbt och obevekligt mot sitt fall. Å den stegen – innan man lärde sig alla dess knep och tilltag. Det var minsann ett studium som man inte blev färdig med första dagen och inte andra heller.

Äntligen var i alla fall allt där som skulle dit, både i kåtan och i luvvin, och det stolta och oförgätliga ögonblick nalkades när jag kokade den första pannan kaffe på vår första eld.

– Nu *ä* vi här! sa Ellekare. Nu *bor* vi här! Nu ä du emäntä i egen kåta å jag ä din piga å du ska säga mig vad jag nu ska göra. Vi ska väl laga till middag?

Ellekare är mycket materialistiskt lagd, men laga mat kan hon inte. Och inte jag heller, varför det är med en viss spänning vi går till verket. Heikka ska bjudas på mat innan han går och hungriga är vi alla tre – klockan har hunnit bli åtta och mer och det är nära tio timmar sen vi åt sist, men vi har inte haft tid att tänka på mat ens, mycket mindre då laga någon. Nu ska det i alla fall göras och gott måste det bli för vi vill inte skämmas för Heikka. Men det är inte lätt, och till en början står jag alldeles handfallen, ty den ringa kunskap jag har om födans sammansättning är van att räkna med åtminstone ägg och mjölk och potatis. Men

74

ingendera av dessa ingredienser är möjliga ha i ett lapphushåll på vintern, konserver har jag inte alls tagit med mig några, och alltså står vi inför den absoluta nödvändigheten att tillreda en snabb och god måltid av de saker som står till buds. Och vi gör det också: fruktsoppa med mannagrynsklimp. Eller kanske jag i sanningens namn ska säga: mannagrynssoppa med fruktklimp. Ty klimpen kunde lätt drickas ur kopp och soppan var fast och grötliknande. Men äran var i alla fall räddad för Heikka åt och tycktes ganska angenämt berörd, om det nu var för att rätten var fullständigt okänd för honom eller om han verkligen tyckte att det var gott, det är något som jag vill låta vara alldeles osagt. Ellekare och jag åt också – i en stor koksi med varsin hornsked, och vi var mycket hungriga så vi hade just inte tid att känna efter hur det smakade. Mätta blev vi i alla fall, och när Heikka druckit sina två koppar kaffe så tog han avsked och gick hem till sitt med nöjd uppsyn. Så han var också mätt, och med lugnat sinne började vi göra i ordning våra bäddar för natten.

Och sedan la vi oss, trötta och glada, fyllda av den trygga känsla som ett eget hem ger, var det än är och hurdant det än är. Det var obeskrivligt ljuvt att ligga med ögonen mot räppen och se hur de tunga molnen for, att se den ljusblå rökstrimman från den döende elden stiga rakt och vackert upp mot dem, att höra riporna skratta i ungskogen och björkarna susa för nattvinden, och att hela tiden veta: Du ligger i din egen kåta, det är ditt det här, dina grytor, dina fällar och hela den långa sommaren får du vila från vandringar och mödosamma vägar. Och i morgon kommer alla skolbarnen!

– Ellekare! säger jag och ger med min fot en liten knuff åt hennes huvud, där hon ligger nedanför mig på samma sida av kåtan, Ellekare!

– Jaa, mumlar Ellekare sömnigt.

– Ligger du bra? Ty måste jag inte veta om mitt tjänstehjon far illa eller ej.

– Jaa, de gör jag.

– Hur ska vi vakna i morgon?

– Å vi vaknar nog.

– Men jag vaknar aldrig på rnornarna. Vaknar du säkert?

– Jaa då! Har du drage klockan din? Så ska jag titta på henne när jag vaknar och väcka dig, när det blir dags.

– Godnatt då Ellekare!

– Godnatt lärarinna!

Vi vaknar verkligen i tid, men det får kanske mera tillskrivas försynen i form av nyfikna lappbarn än Ellekare och mig, för vi var så dödströtta efter vår långa arbetsdag att sömnen inte ville släppa våra ögon frivilligt. Men redan i arla morgonstund började det smälla helt försynt i oksan och min yrvakna blick hann fånga en rödtofsad pojkmössa innan den försvann, och ett par spejande bruna ögon, som jag igenkände som Nilsas, gossen från kåtan intill. Han är inte ensam, ty ett stilla fnissande förnimms utanför och pm en liten stund gluttar ett flickhuvud i dörröppningen, möter min blick med ett förläget småleende och försvinner blixtsnabbt. Så hörs trampet av springande fötter, några halvkvävda skrattsalvor och så blir allt tyst för en liten stund. Ellekare och jag ligger och drar oss en stund till, genom räppen yr lite fin snö — alltså snöstorm i antågande igen. Det känns gnistrande kallt när man lyfter upp huvudet, vattnet i kitteln är bottenfruset och morgonljuset ser grått och ovänligt ut. Men nu går Ellekare med fart i skorna sedan hon först omsorgsfullt höat dem. Med ett brak slänger hon upp oksan och hämtar in ett fång ved och snart börjar en svag rök stiga mellan hennes händer där hon ligger på knä framför härden, en frisk doft av brinnande näver fyller den skarpa luften och gör den mera mild att andas, det börjar spraka i veden som Ellekare skickligt ordnar till en strålande morgonbrasa, kaffekvarnen surrar, sockret klipps med små vassa stålklingande ljud, koppar klirrar. Och så mitt uppe i denna ljuva lilla hushållssymfoni kommer Ellekares klara röst gnolande en entonig, sorgsen finsk visa, som hon tar om och om igen utan uppehåll så att den blir till en sövande vaggsång. Jag känner hur sömnen kommer smygande, men innan jag hinner somna på nytt skramlar en full kaffekopp vid min huvudgärd, överräckt av Ellekares lilla bruna hand — och så är dagen påbörjad!

Många timmar dröjde det inte förrän kåtan var full med folk och nog kan man räkna det kaffe i litervis som dracks den dagen hos mig. Den ena pannan efter den andra koktes och tömdes, de två kopparna var ständigt i gång, och varenda sak jag hade granskades och beskådades, visserligen mycket diskret, men grundligt. Och alltsammans tycktes de finna ganska gott. Smör och ost och bröd hade en storartad åtgång – somliga, som kom långväga ifrån, skulle bjudas på mera fast föda än bara kaffe, och Ellekare och jag hade på förhand sinsemellan gjort upp ett litet tecken som betydde: långväga gäst! Och så fort detta tecken gjordes började jag genast förberedelser att med värdighet bjuda mitt salt och bröd. På den lilla runda träbrickan med långt skaft som dels fick tjänstgöra som bakbord, dels som lock över vattenkitteln, placerade jag ett par runda nybakade brödkakor, bredvid dem en liten smörask och så osten. Alltsammans räcks till gästen, som efter en kort tvekan och ett svagt mummel: in mon lät nälkis! jag är inte hungrig! flyttar sig närmare och sätter sig bekvämt tillrätta på golvet. Är det en man stryker han först mössan av huvudet och för med en vacker rörelse håret ur pannan, är det en kvinna slår hon sig bara ned utan förberedelser, men båda äter lika sakta och värdigt, utan ett spår till brådska eller aptit. Det tar också alltid sin rundliga tid innan de ätit färdigt, men då har en hel del hunnit konsumeras ändå på detta lugna, trygga sätt. Så fort ätandet är undangjort torkar sig gästen omsorgsfullt om munnen, sätter ordentligt på locket på smörasken, makar alla rester väl tillsammans på brickan och räcker den tillbaka till värdinnan med ett: Kito ätnat! Tack så mycket! Emäntä nickar, häller kaffe bräddfullt i kopp och fat och bjuder. Och minst två koppar ska det vara innan nästa gäst får betjänas. Till ritualen hör också, att emäntä alltid själv dricker första koppen av ett nytt kaffekok för att visa att kaffet är gott. I somliga kåtor brukas det också att två fulla koppar sätts på brickan och räcks åt gästen, varpå han först har att dricka ut den ena och så den andra som påtår.

Frampå middagen börjar mödrarna anlända med barnen som skrivs in och lämnar sina betygsböcker från föregående år – de som redan provat på en skolas besvärligheter. De små, som ska börja för första gången ser bara oändligt skrämda och olyckliga ut och trycker sig ängsligt till mors kolt. Fjorton barn är det i allt, det äldsta femton år – en lång, drumlig pojke med långa ben och armar och en väldig hårmassa som ligger långt ned i ögonen – det yngsta nyss fyllda sju år och vackert som en liten kerub i sin nya granna kolt. Mödrarna dricker kaffe och pratar, nyper i tyget på min kolt, medan jag naturligtvis nyper i deras, utbyter tankar om priser på spetsar och band och grannlåt och har det utmärkt trevligt. Barnen glömmer snart sin första skygghet och sörplar i sig sitt kaffe med ganska förnöjda miner, springer sen ut och leker och för ett förfärligt stim kring kåtan.

Då och då, när de bli alltför högljudda sticker den mor som tycker sig ha hört sin telnings röst över de andras sitt huvud utom oksan och håller ett kort men kärnfullt anförande, som resulterar i ett ögonblicks dödstystnad. Men snart är allt glömt igen och leken rasar som förut. En timme eller två sitter mödrarna kvar och aldrig sinar pratets ström, så reser de sig, slätar kolten ned utmed höfterna och försvinner pilsnabbt genom oksan, utan att säga adjö, utan att tacka – det brukas inte. Barnen följer med, alla ränner iväg på sina skidor och det blir så tyst i ett nu att stillheten susar för öronen. Men rätt vad det är kommer en stormil susande som skakar kåtan, snön knastrar när den piskas mot duken och några flingor singlar ned genom räppen och fräser i elden.

– Har du mera ved huggen, Ellekare?

– Nej, men jag ska gå ut och skaffa nu. Det är väl mid dagsdags snart?

– Ja. Vad ska vi laga?

Vi tittar rådvilla på varann, tills vi beslutar oss för gröt och torrkött såsom varande både enkel och närande föda. Och medan Ellekare hugger ved anrättar jag måltiden, som sedan förtärs till sista smula trots de otaliga koppar kaffe som konsumerats under dagens lopp. Sen bakar Ellekare igen, ty nästan allt brödet har tagit slut under dagens gästabud och jag börjar göra i ordning böcker och schema och rusta mig för mitt arbete i vetandets tjänst. Och innan vi vet ordet av har vi den grå svaga skymningen över oss, som ännu en tid framåt ska säga oss när natten faller på. Om ett par veckor slutar solen att gå ned och sen har vi inte ens en skuggning i ljuset kvar när stackars jordiska klockor visar att natten är kommen. Nu viner stormen hårdare, snön frasar utanför och kölden är bister – men vår varma eld brinner klar, och när vi kryper ner bland våra fällar, efter en sista kaffefest med Sanna och Lasse från kåtan bredvid, känner vi ingenting av ovädret som rasar, stoppar bara om oss väl kring axlar och ben och somnar, medan ännu några röda glöd pyr på härden.

Redan innan klockan åtta på morgonen hör jag tramp och fnissningar utanför och när jag tittar ut har jag nästan alla mina elever i väntan, fastän det är en hel timme före tiden.

– Klockan är inte nio än på länge, säger jag, och utan ett ord dunstar de bort åt olika håll, för att om tio minuter åter fnittra och viska utanför oksan. När de inte har någon klocka att gå efter är det inte så gott, och eftersom det snöregnar och blåser kallt låter jag dem komma in och värma sig framför elden. Och då alla är komna tycker jag att den felande halvtimmen inte är något att hålla på och börjar terminen. Med bön naturligtvis, efter uråldrigt bruk, och så psalmsång. De äldre som kan läsa får var sin psalmbok ur skolans bokskrin, jag tar upp psalmen och så börjar sången. Om man verkligen har rätt att kalla den så. Alla vill vara med, men ingen har ens den svagaste aning om vad det vill säga att sjunga en melodi eller överhuvud taget träffa en ton. Utan just där deras röst av en händelse slår ned får psalmen börja, det kan vara i bas eller diskant, det gör alldeles detsamma. Ordens rätta uttal är av mycket större vikt, och är de besvärliga kan jag hinna sluta versen, medan den övriga kören ännu stavar på första strofen. Var och en följer med och skyndar sig så fort han kan, var och en gör sina små hjälplösa försök att skapa en melodi lik den jag sjunger, som hans öra fattar och uppfångar den – och det hela blir till en konsert vars make ännu intet mänskligt öra hört. Jag vet inte hur jag behöll kontenansen, jag minns bara att Ellekare huvudstupa kastade sig ur kåtan med blodrött ansikte, och att min röst var misstänkt svävande under några takter. Men barnen var så upptagna av att stava och sjunga att de inte märkte någonting, och väl var det.

Ja, så var början gjord och arbetet väntade! Men först skulle alla tala om vad de hette, så att jag visste vad jag skulle kalla dem, och det var ett gruvligt besvär att få ur dem det. Efter säkert en timmes ihärdigt frågande hade jag då fått allas namn med låga förskrämda röster och med mycket fnitter och skruvande, men äntligen var då den skärselden genomliden och skolan igång på fullt allvar. De insikter jag fick i mina elevers kunskaper redan denna första dag var ingalunda uppmuntrande – timme efter timme upptäcktes nya avgrunder. Till att börja med var det innanläsningen som fullständigt tog andan från mig. Jag gav de äldsta läroböcker, medan de yngre fick välskrivning och de allra yngsta övade sig i tålamod och stadgat uppförande.

– Läs nu första stycket, Nilsa! sa jag. Och Nilsa började med hög stackig röst:

– Vat en krota perättade allteles ytom sig så att ten knappt kunte tala sate en krota till sin far far som satt vit packen ...

Allt utan ett spår till skiljetecken eller uttryck naturligtvis, men med något så oändligt själlöst över sig att jag grepsav en hemsk misstanke och frågade:

– Säg mig nu Nilsa, vad groda heter på lapska.

Intet svar, bara ett förläget stirrande från Nilsa och fnitter från de andra.

– Kan någon annan svara?

Ingen. Groda är kanske ett bra svårt ord, tänkte jag – jag ska ta något lättare. Kan du säga vad bäck heter då? Inget svar. Och på alla mina frågor om de enklaste vardagsord kan ingen ge mig

81

en antaglig översättning. Ibland försöker de hitta på något som åtminstone ljuder lika, men det är så sällan det träffar rätt att jag snart genomskådar den lilla listen. Så svarar t ex någon, när jag ber honom översätta ropa: ruobbi. Men det betyder sår på lapska och kan alltså inte alls godkännas. Dessa barn har gått i skola i tre, fyra år och lärarna har haft till uppgift att bibringa dem undervisning i svenska språket.

Deras enda läroböcker är på svenska: katekes, biblisk historia, läsebok, och ur dem har de haft läxor. Utan att förstå ett enda ord har de fått rabbla psalmverser, bibelspråk, tio Guds bud, och av styckena i läseboken begripit precis lika mycket som om man satt dem att läsa kinesiska eller något annat lika besynnerligt språk. Det är första timmens glada erfarenhet.

Andra timmen låter jag de äldsta skriva, mellanklassen får läsa och de minsta får pennor och papper för att lära sig rita uppstrecket till i. Griffeltavlor finns det två stycken i skolmateriallådan, men inga grifflar har blivit medskickade så tavlorna kan vi inte nyttja. Och så måste jag ge nybörjarna pennor i deras små bruna nypor, och där blir minsann skrivning av så bitarna yr om blyertspennorna. Det är inte så gott att trycka lagom hårt när man aldrig försökt att skriva förr och jag bävade när jag såg hur pennorna blev mindre och mindre. För knivar hade de ju tillreds i bältet, åtminstone pojkarna så små de voro, och det fanns inga hinder när det gällde formering. Och formerades gjordes det sannerligen så Ellekare kunde haft till tändved en vecka om hon passat på och samlat upp spånen. Jag förmanade dem: Tryck inte hårt! och då såg de allvarligt på mig, torkade sig om näsan med smutsiga små nävar och började på nytt med högtidliga, viktiga miner. Men resultatet blev lika klent. Jag tog deras hand i min och förde pennan och de finaste streck trollades fram, men under samma hand ensam sa det knack! och en bit blyerts for i luften så det var en lust åt det. Till slut fick de skriva med bara träet för att öva sig i att hålla om pennan åtminstone och så småningom minska trycket. Så hade de då sysselsättning en stund, och jag fick ägna mig åt mellanklassen, som hjälpligt kunde stava och lägga ihop och staka sig fram genom de enklaste ord. Det var precis samma förhållande med dem som med de äldsta – ingenting begrep de av de svenska ord de krånglade till, och intet svar fick jag av dem heller på mina frågor. Men skriva efter förskrift gjorde de alla riktigt bra, när man betänker hur de måste sitta nedhukade på risgolvet med knäna uppdragna och böckerna stödda mot dem. De skrivböcker med förskrift som användes var av den sorten som brukas i vanliga folkskolor, och det var onekligen ytterligt löjligt att läsa de förskrifter som stod tryckta överst på varje sida: Sitt rak i ryggen! Håll fötterna rakt på fotbrädan! Stöd handen lätt mot bordet! Luta ej huvudet!

Nästa timme ägnades åt räkning för de största, skrivning på nytt för mellanklassen och inlärande av bokstaven i för de små. Det var gränslöst besvärligt att hålla dem alla i arbete, och den första tiden blev jag rent vimmelkantig innan jag fick in vanan att utan ett ögonblicks tvekan kasta mig från räkneproblemen i översta klassen till stavningen i mellanklassen och från stavningen till dirigerande av streckskrivningen hos nybörjarna, och från streckskrivningen åter till räkneproblemen. Men det gick snart, bara man blev van. Räkningen beredde mig en ny överraskning. Så länge jag höll mig till huvudräkning med mycket små tal gick det rätt bra, men så snart jag började med skrivna problem blev det annat av. Efter tre års skolgång ansåg jag att ett sådant tal som detta utan svårighet borde kunna räknas ut: 19 + 11 + 13. De fick sina tal och satte sig på sina platser, och jag ägnade min uppmärksamhet åt de andra eleverna. Efter tio minuter tittade jag på seniorerna och undrade om de inte skulle kunna vara färdiga snart. Men det såg inte så ut. Ögonen stirrade stelt, pennorna skrev och ritade, läpparna rörde sig, fingrarna trummade, och suckar och stönanden fyllde luften. De kliade sig i huvudena så det dånade, snöt och fräste i fingrarna och arbetade med en intensitet, som var rent förbluffande när jag för mig själv betänkte uppgifternas enkelhet. Men då jag äntligen fick se deras böcker, så förstod jag fullkomligt deras bedrövelse och delade den med dem av mitt fulla hjärta. Hela sidan var full med små streck – streck vid streck, streck vid streck – i grupper, påblötta och utsuddade med tummen, när det blivit för många.

Först stirrade jag bara fylld av häpnad på förstörelsen, förstod icke vad meningen var, men så gick det plötsligt upp för mig att det var det sätt som man lärt dessa barn att lägga samman 2 och 2 eller 10 och 10. Först tio streck på ett ställe, så tio på ett annat och så vidare allt efter problemens längd och talens storlek, och när de så med mycken svett och möda ritat ut alla sina streck, så hade de ett förskräckligt arbete att räkna samman dem alla. Addition i kolumner hade de aldrig hört talas om, subtraktion existerade inte, multiplikation var nästan löjligt att nämna, och vid blotta tanken på division kände jag svindel.

Det måste alltså bli för mig att börja från den allra första, enklaste begynnelsen och lära dem förstå att räkning inte bara är streck, att strecken kan representeras av siffror i kolumner, att ett tal kan *tänkas* innehålla alla de streck som annars måste ritas och räknas samman. Det var den erfarenheten räknelektionen gav mig, och så värst glädjande var den ju inte. Med detta lät jag

dagens arbete vara slut – vi var trötta allesammans – och med
läxor att läsa på gav jag dem hemlov, vilket hälsades med
nedslående förtjusning och efterkoms med en snabbhet endast
möjlig att åstadkommas av barn som vet att skolan är slut för
dagen. Och med en suck tackade jag dem för denna snabbhet, la
mig raklång på en fäll och beslöt att för åtminstone en timme
låta bli att fundera över hur i all världen jag skulle kunna lära
dem allt som de skulle kunna och inte kunde.

När skolan varat omkring en vecka kommer pingsten och
med den naturligtvis pingstlov i tre dagar. Vädret är strålande
vackert igen med kalla nätter och vårljumma dagar. Vi försöker
åtminstone att tro att det är våren som är oss nära om också de
gamla skakar på huvudena och spå lång vinter ännu.

– Vad ska vi göra de tre dagarna när vi inte har någon skola?
Ellekare talar alltid i pluralis, när det gäller skolan och kåtan.

– Om vi skulle ta och gå efter post! föreslår jag. Ty nu är det
nära sex veckor sedan jag hört några nyheter från den värld som
är bortom de vita fjällens krans och det känns lite underligt att
ingenting veta om de sina, om kriget, om allt som kan ha hänt på
hela denna långa tid.

– Ja det gör vi! svarar Ellekare ögonblickligen och utan ett
spår till tvekan och ögonen lyser på henne bara vid tanken på
den långa färden, och allt vad hon ska få se på den. Det är sju mil
över fjällen till Torne Träsks station som också är vårt närmaste
ställe att hämta post från. Om vägen dit vet vi inget, men med
karta och kompass ska det väl inte vara omöjligt att ta sig fram.
Förresten kanske vi kan få någon lapp att följa med som känner
vägen. Och så går vi till Heikka, som är vårt stöd och vår tillflykt
i alla kinkiga situationer.

– Kan du följa med? frågar jag. Du ska inte behöva göra det för inte förstås.

– Kan inte! svarar Heikka bestämt. Jag ska gå långt in till Norge till hjorden och tre andra av männen följer med mig. Vi går i kväll, och i morgon går de övriga, så du kan nog inte få någon som följer dig. Och ensamma ska ni inte gå, för vägen är besvärlig.

– Men jag har karta och kompass.

– Å har du det! Ja ja, du vet väl bäst hur mycket man kan tro på sådana ting. Men trolldom för aldrig lycka med sig och trolltyg är det. Att den lilla dosan ska kunna visa väderstrecken.

Han ser allvarligt ogillande ut och Gate likaså. Men efter många koppar kaffe och mycket pratande har vi då fått veta en hel del om vägen: om rastställen där det finns källor som inte är tillfrusna, om var en ensam fiskekåta är belägen där vi kan få vila och mat och värme, om genaste vägen att snedda över Träsket. Och vi beslutar oss för att gå ensamma och ta avsked av Heikka och Gate som ger oss många förmaningar och goda råd. Gate dessutom en hel del kommissioner om vi kan komma in i någon handelsbod fastän det är helg. Och så ränner vi hem till vår egen kåta för att rusta oss till femtonmilafärden. För kortare än så kan vi inte beräkna att vägen är, har Heikka sagt. Snarare längre. Vi packar kaffepanna, torrkött, bröd och smör i våra laukos (ryggsäckar), och tändstickor plockar vi våra dosor fulla med. Lapparna har alltid svavelstickor, som de köper i finnbyarna, någon annanstans tror jag inte de finns att tillgå i hela Sveriges land – och förvarar dem i små dosor av mässing som egentligen är ämnade till snus, men som också lämpar sig utmärkt till tändstickor. Dessa dosor har också den stora förtjänsten att de har två bottnar, i den ena förvaras tändstickorna, i den andra är en spegel inkittad och mellan spegeln och locket brukar vanligen en liten finkam ligga förvarad för att alltid finnas till hands.

När solen går ned bakom Rokomborre, det stora fjället mitt emot vår kåta, står vi färdiga att ge oss av. All mat är upplagd i luovvin, allt ömtåligt upphängt på krokar så att inga hundar eller andra djur kan nå det, runt kring kåtan har vi stjälpt tomma pulkor, så att inga hundar ska kunna böka upp duken med nosen och ta sig in, och till slut sätter vi mot oksan en hel liten björk, till tecken att ingen är hemma, och att huset är låst.

Solen kryper allt längre ned bakom Rokomborre, vars förundransvärt regelbundna, prismaslipade sidor gnistrar i orange och rött, himlen är blå med små bleka moln, och kölden har redan kommit och höljt den solluckrade snön med en hård skorpa, där skidorna nästan glider av sig själva. Och med ett kastar vi oss utför sluttningen ned mot sjön, slingrar oss mellan björkstammarna och glider i ett buktat blåskuggigt spår över sjön upp möt de branta fjällsidorna på andra sidan. Kallare och kallare blir det, luften står vass mot våra ansikten, andedräkten far som en rök efter oss. Snart sjunker solen alldeles, men himlen är full av glans – tyst, tyst är det, inte en hund skäller, inte en ripa kuttrar, inte ett ljud från en levande varelse oroar stillheten, bara våra skidors knarrande, vår hastiga andhämtning, våra ryggsäckars gnidning mot axlarna.

Efter fem timmar rastar vi – då har vi hunnit fyra mil, varav två oavbrutet har burit uppför och två oavbrutet nedför. Vi kokar kaffe, halstrar torrkött, äter och ser på kartan. Sen sträcker vi ut oss på snön och sover lite, och sölen bränner hela tiden – den har kommit tillbaka för länge sedan. Men vi får inte vila lång stund, det dröjer inte många timmar nu, förrän snön blir mjuk och tung för skidorna, och ännu har vi den besvärligaste vägen kvar genom svår terräng. Så ger vi oss av igen, rastar på nytt några minuter i Kattevuoma, en liten grå finnby på en öde slätt, och kommer rätt sent på eftermiddagen fram till Torne Träsk.

Just som vi stiger av skidorna vid stationshuset brusar ett tåg förbi, till Ellekares oerhörda förskräckelse och häpnad. Hon hade aldrig sett ett sådant besynnerligt odjur förr, aldrig hört ett så starkt larm och hon blev alldeles vit av fasa, när det dånade förbi. Tog ett hårt tag i min arm och sa tyst för sig själv: – Herr a siunit, herr a siunit de lä varalas! Herregud, herregud, det är farligt!

– Det är tåget Ellekare. Var inte rädd.

Men Ellekare är rädd, och hon släpper inte taget om min arm förrän det sista ljudet av oväsendet försvunnit i fjärran. Då drar hon en lång suck och småler av lättnad, men håller sig ändå mycket nära mig när vi tassar in för att fråga om post och nattlogi. Posten får vi, men nattlogi är det värre med. Möjligen väntsalen, men den är kall och oeldad, och det finns bara hårda golvet att ligga på. I alla fall är det tak över huvudet, och vi tackar för det, och bereder oss att gå och titta på vårt enkla sovrum.

– Stackare! säger en arbetarhustru, som står bredvid och hört vårt samtal. Nog kan ni väl få ligga hos mig. Om ni håller er snygga. Kom med så ska vi se till!

Och vi följer på trötta fötter, får en fäll på golvet att ligga på, en filt att breda över oss och lite mat innan vi kryper till kojs. Ägg och smör och mjölk och bröd. Det smakade efter fem veckors torrköttskost!

– Finns det någon handelsbod här? frågar jag värdinnan. Och får till svar att ingen finns närmare än i Kiruna.

– Hur långt är det dit?

– Inte fullt två timmars resa på tåget. Det går malmtåg tidigt i morgon bitti och inte är det dyr resa heller. Res ni dit, flickor, så får ni både fara på tåg och se Kiruna om ni inte varit där förr.

– Inte jag! säger Ellekare. Och så ser hon bönfallande på mig, och inga ögon kunna tigga som Ellekares. När så vår värdinna vidare talar om att vi kan komma tillbaka vilken tid på dagen som helst finns det inget som hindrar ett litet Kirunabesök och det beslutas att vi ska resa med malmtåget klockan nio på morgonen.

I Kiruna var det söndag – pingstdagen. Där var barmark och vårluft och fåglar som sjöng. Det var som i en saga. Det var stora knoppar på träden och människorna gick i sommarkläder, i lätta tunna sommarkläder, som solen sken på så de lyste. Vi kom i våra pälskoltar, med våra ryggsäckar, med bruna och trötta ansikten och vi kände oss bra lika de bibliska bröllopsgästerna som inga fina kläder hade. Vi var inte tvättade och inte kammade en gång – det hade varit bråttom på morgonen – och vi kände oss gruvligt skamsna. Så gick vi till järnvägshotellet för att få ett rum och göra oss lite snygga. Men fick gå med oförrättat ärende – åt lappar hyrde man inte ut rum!

– Stackars lappar! sa jag till den morska dam, som körde ut oss. Stackars lappar, vad har de gjort för ont?

– Ingenting! svarades. Men de få inte ta upp rum för annat folk. Var är du ifrån eftersom du talar svenska så bra?

– Från Stockholm. Men du behöver inget rum ge mig för det. Jag önskar att du kommer så trött en gång och blir utkörd för att du är av annan ras när du mycket längtar efter att få vila. Tänk på det lite så är du kanske snällare nästa gång en lapp kommer. Hans pengar är nog som annat folks i alla fall!

Jag vet inte hur hon såg ut efter det talet, för jag slängde laukon på ryggen igen och gick med Ellekare tätt i spåren. Men hon ropade efter oss att det kanske kunde finnas ett rum, när hon tänkte efter. Det blev inte något svar på det erbjudandet, och efter lite sökande fick vi mat och rum på ett annat ställe för de timmar vi skulle stanna. Och när Ellekare sett sig mätt på Kirunas härligheter och vi lyckats tillhandla oss några småsaker som behövdes hemma i kåtan – å så långt avlägsen den var när vi tänkte på den, vår lilla svarta kåta under den höga, vita, tysta fjällbranten! Så satte vi oss på tåget igen och reste till Torne Träsk, fulla av längtan att komma hem.

En besvärlig färd väntade oss, uppför mest hela tiden – lite trötta var vi nog ännu efter nedmarschen, men vi hade inte tid att vila längre och det var bara att sätta ny fart i benen. Det var kallt och klart väder när vi gav oss av över Träsket, solen hade nyss gått ned och vinden var förlig så det gick som en dans nu över samma sträcka som vi för några timmar sedan så mödosamt arbetat oss fram över. Kattevuoma for vi stolt förbi och beslöt att rasta först vid den fiskekåta som Heikka sagt åt oss att gå in i. Så noga hade han beskrivit vår väg dit att vi inte ens behövde tveka om rätta riktningen, och vid tvåtiden på natten fick vi också syn på den, där den låg som en liten grå jordhög på ett smalt näs. Alla sov tungt och ljudligt vid vår ankomst, men hunden skällde dem snart vakna, ett sömnigt huvud stacks ut ur rakkasen och en sömnig röst hälsade: boris, boris!

Det var emäntä, och utan en minuts dröjsmål steg hon upp, tände eld och satte på kaffe, hela tiden vänligt småpratande med oss – precis som om det vore den naturligaste sak på jorden att hon väcktes mitt i natten av främlingar och gick upp för att laga mat åt dem. Och det är också den allra mest naturliga sak när det är en lapp man kommer till. Det är inte tal om vad för sorts ras du har, vad för sorts folk du hör till – ingen frågar dig, ingen kan kanske ditt språk ens. Men vem du än är, vad ditt ärende är, när du kommer, om det så är mitt på dagen eller mitt i natten, alltid blir du mottagen som en furste. Alltid får du det bästa, alltid rikligt, alltid räcks det dig med vänliga ord och glada blickar – du ska aldrig känna att du ställer till besvär, att du kommer oläligt, att du borde gått till någon annan.

Som denna emäntä nu – hon sätter på kaffepannan och slår upp getmjölk till grädde, hon plockar fram smör och bröd och kött, ställer en stekpanna på elden och steker en färsk, läcker röding i mycket smör. Och hela tiden går hennes mun i ett. Hon gör frågor, utan närgångenhet, svarar själv när Ellekare eller jag är för trötta att öppna munnen, springer ut och in på bara fötter. Än kommer hon släpande med ett par rena, vita fällar åt oss att ligga på, än med en filt att breda över oss, än är hon ute i luowin efter mera smör, än kommer hon slängande med ett fång ved. Och när rödingen är färdigstekt sätter hon fram pannan åt oss, räcker oss smör och bröd och ser med den innerligaste glädje på hur vi äter med den allra mest strålande aptit. Hennes man har också vaknat, sticker huvudet utom rakkasen, tar pipan, som ligger alldeles vid huvudgärden, stoppar och tänder den och lägger sig tillrätta i den mest lättjefulla ställning han kan tänka ut med armbågen på golvet och huvudet i handen – och så pratar han och dricker kaffe och är full av godmodigt skämt och vänliga råd för vår hemfärd.

– Det blir nog snöstorm kanske, säger han. Men inte i natt tror jag. Kanske i morgon. Vila er nu bara riktigt innan ni går vidare – ni har tung packning och vägen bär uppför. Lägg er och sov några timmar, det behöver ni allt.

Emäntä har redan brett ut fällarna, en lång, mjuk, ren kudde har hon lagt till huvudgärd, en alldeles ny "rana" (tjock Lofotsfilt, som används mycket hos lapparna) väntar att bredas över oss – allt så rent och vitt och nytt som alltid en lapps gäst får det, det må vara aldrig så fattigt och smutsigt i kåtan för övrigt. Och vi vilar i tre timmar, varmt och mjukt och gott, och smyger oss sedan sakta ut. Nu sover alla igen, bara emäntä hör oss och viskar ett stilla: Hyvästi! när vi stryker förbi hennes rakkas.

Efter en tre, fyra timmar börjar vi bli trötta igen. Snön är lös, skidorna tunga, packningen tung, allting tungt och vägen vi har framför oss oändlig. Bara vi vore riktigt säkra på att vi har gått rätt! Men det är vi inte alls. Vi säger ingenting åt varann ännu, men jag ser på Ellekares oroliga min, att hon också upptäckt att vi visst är på vilse stråt. Och till slut kan hon inte hålla inne med sin ängslan längre, utan säger:

– Hade vi inte det där fjället i väster, när vi gick ned?

– Jag vet inte riktigt, Ellekare, men jag tror att vi gått lite galet.

Jag tar upp kompassen och kartan och finner att vi bör gå mera åt öster. Men Ellekare opponerar sig – hon vill mera åt väster.

— Jag tror inte alls på den dära! förklarar hon med föraktfull min. Heikka sa att det var trolltyg och det kan inte bli annat än olycka att tro på en sån. Jag litar mera på mig själv och ditåt ska vi gå!

Hon pekar åt väster, och så grälar vi en stund, enas till slut om att gå ungefär mitt emellan båda strecken och strävar framåt igen, tysta och modstulna. Det bär nästan rakt uppåt mot högfjället nu, och innan vi lämnar skogsbältet gör vi upp eld, kokar kaffe och försöker sova en stund.

Men det börjar blåsa, solen är borta bakom en fjällkam och vi fryser så trots elden att vi beslutar börja gå igen för att få värme i kroppen. Och så axlar vi våra laukos, sätter fötterna i tåvidjorna på våra skidor och knogar vidare – utan ord, utan glädje, med en naggande ångest inom oss att vägen vi tar för oss vilse bland fjällen. Blåsten tar till, solen har gömt sig, allt är grått och dött och isande kallt – och vi två små kryp är så svindlande ensamma på dessa stora, tomma, grymma slätter.

Så kommer snöstormen rivande. Hui! viner det till, och sen ser vi ingenting mer. Bara snö, snö, snö och en vind som piskar.

Ingenting säger vi åt varann, Gud vet om vi tänker något ens, men vårt elände är stort, och i samma ingivelse räcker vi handen åt varann så att vi åtminstone känner att vi är två. Hand i hand släpar vi oss fram, böjda mot stormen – inte ett ljud slipper ur oss, vi bara går. Men jag känner hur ångesten kryper nära, och när Ellekare vänder ansiktet mot mig ser jag att hennes läppar är vita, och att de bruna ögonen svartnat av trötthet och förtvivlan och modlöshet. Vi kramar hårt om varandras händer – det är allt, men det ger liksom en liten tröst. Den ena vet att den andra finns, att hon tänker: O Gud ska vi dö nu! Ska snön ta oss, ska fjällen sluka oss, ska vi aldrig finna vägen mer som leder hem?

En timme går vi, snön blir lösare, skidorna tyngre. Vi flämtar mot stormen och stapplar på benen som i sjögång. Vi vet att det inte tjänar något till, att vi endast skjuter upp något, som är oundvikligt, men ändå trevar vi oss fram, fastän varje steg är en outsäglig möda. Så stupar Ellekare, ligger och vill inte upp mer.

– Upp Ellekare! Upp igen! Det är inte långt kvar. Vi är snart framme.

Men Ellekare hör inte ens min ynkliga lögn.

– Låt mig ligga en liten stund bara! ber hon. Jag är så trött. Bara en liten stund! Var inte rädd, jag ska inte somna.

Hon sträcker ut sig, och snön driver över henne på ett

93

ögonblick, men min hand har hon inte släppt, och jag vet att hon finns där under det vita täcket. Jag sätter mig bredvid henne och det domnar så ljuvligt i kroppen när den äntligen får lite vila.

Det känns som om himlens alla härligheter sänkt sig ned till jorden, det värmer och stillnar, det sjunger för öronen som av de lycksaligas körer, all smärta löser sig och försvinner bort. Å, man hör klockor också – milda starka klockor, som klingar med så underbara harmonier att man vill le av glädje. Så kommer det en röst bland allt detta. Långt, långt borta hör jag den – många mil är den avlägsen tycker jag, någon skakar mig så att det gör ont, någon drar i mitt hår så att jag måste följa med och resa mig till hälften. Ack, jag är ännu på jorden! Det är Ellekare, som talar, Ellekare som sliter i mitt hår för att få mig vaken. Hon är liten och späd och uttröttad, men vädren rår inte på henne, hon hör till det släktet som inte sover sig till döds i en snöstorm, och hennes lilla lappansikte är orörligt och bestämt och utan misskund.

– Upp! säger hon. Nu få vi inte vila längre. Gå!

Långsamt sätter vi oss i rörelse igen. För vart steg vi tar känns det som om tusen glödgade nålar stack genom fötterna, och benen är domnade och stela. Varje rörelse blir till en pina så ohygglig att den går över alla gränser, och som blinda, som sömngångare stapplar vi vidare. Men vi lever, vi andas, vi har ännu inte gett oss åt vår tjutande, vita fiende på nåd och onåd, och vi håller så hårt om varandras händer att det nästan gör ont. Hur länge varar det? Jag vet inte. Den vandringen kan inte mätas med jordiska minuter, så full av förtvivlan och dödsångest som den är. Snön vräker mot oss, skidorna sjunker i den, och vi orkar endast flytta dem fot för fot. Åt öster, nästan rakt åt öster – Ellekare låter kompassen råda. Det gör detsamma! säger hennes ögon, vi dör nog snart ändå. Men hennes mun orkar intet säga. Plötsligt hör jag hennes röst, orden förnimmer jag inte till en början, men det är en klang i stämman som kommer mig att lyfta upp huvudet och lystra.

– Det lättar! säger hon, och gång på gång upprepar hon samma ord. Det lättar, det lättar, det lättar! Och det hon säger är sant. Det lättar. Snön brusar inte längre så tät emot oss, stormen har stillnat. Och i ett nu, som om ett förhänge dragits undan, står vi i solsken och klar luft igen. Bakom oss är det vitt som mjölk, och där far snön i ogenomträngliga moln, men framför oss ser vi en djup, lugn dal som darrar i kvällssol och violetta skuggor. Och längst bort – längst bort går det ut som en liten mörk dunge av träd. Är det möjligt, är det sant, kan det vara så? Är det vår skog, vår dal, vår sjö som breder ut sig där borta? Kan man komma så snart från döden till livet! Vi ser på varann, vi vågar inte tro, vi kramar varandras händer. Men det är sant. Med en suck, bra lik en snyftning pekar Ellekare söderut. Där ligger Rokomborre som en vidunderligt härlig violett sky i strålarna från aftonsolen, och vi vet att bakom det lilla skogsnäset där ligger vår kåta och väntar oss. Det är långt dit än, nära två mil, men vi känner dem knappt. Vi behöver bara vända oss om emellanåt, när knäna börja svikta, och kasta en blick på den grymma vita väggen som står däruppe i passet mellan två höga kammar så får vi ny kraft. Vi är i lä, vi är skyddade, vi är i vår egen dal och vårt hem är bakom den lilla skogen där. Inget ont kan nå oss mer!

I kåtans ro glömmer vi snart vårt äventyr, allting glider in i ett stilla enahanda och dagarna går, veckorna går, den ena så lik den andra som kulorna i ett radband, men ändå var och en med sitt innehåll, sina små händelser, sin rikedom, som skiljer den ena från den andra. En dag drar jag med björntråd ut en tand på en gumma som kommer svullen och jämrande, en annan slår Ellekare sönder min finaste kaffekopp, en tredje görs ett sjukt spädbarn friskt med ricinolja, en fjärde hugger jag nästan av mig en hand, en femte får vi höra att vargen rivit två vajor på fjället, en sjätte äter en kringstrykande hund upp en stor renbog för oss, en sjunde får vi en liten svart ulltapp till hundvalp. Och så går tiden, stilla och vackert, våren kommer lite närmare för var dag, men ännu ligger snön djup och nätterna är så kalla att vattnet bottenfryser i kitteln. Skolan skrider sin jämna gång, och vi arbetar av alla krafter för att hinna med så mycket som möjligt. De minsta stavar och knogar med sin skrivning, som numera går med glans både på griffeltavlor (jag skaffade grifflar i Kiruna) och i böcker – de börjar redan så smått att kunna lägga ihop de bokstäver söm plantats in i deras huvuden och säga flera svenska ord på rätt ställe. De mellanstora stavar villigt på i sin abc-bok och har åtminstone lärt att något hejda sin fart vid punkt och andra större skiljetecken, de kan skilja på siffrorna och räkna huvudräkning snabbare än vinden far. De allra största knogar ivrigt med allt vad jag sätter i händerna på dem. Det kan ju hända ibland att det klickar och att någon betänkligt sviktar på rösten när läxan hörs upp, men då blir det skamvrån och bistra miner, och det är inte precis något roligt, så de aktar sig så väl som möjligt för ett upprepande. Skamvrån är bärbmed – de två stockar som ligger från dörren upp till härden – och när jag med högtidlig stämma säger: du kan inte din läxa, tjokkit bärbmedi! – gå och sätt dig på bärbmed; så är inte stegen snabba just och tårarna hänger bra nära ögonfransarna hos den olycklige som måste lunka iväg med sin bok och sitt elände och slå sig ned på stocken, sig själv till skam och andra till varnagel. Och om inte läxan går som ett rinnande vatten när timmen är slut så blir det att komma tillbaka på eftermiddagen och läsa upp den. Vilket inte heller är något vidare eftersträvat nöje.

Isak, femtonåringen, är mitt sorgebarn. Han är lat och ohågad och slö, och gör mig alldeles förtvivlad emellanåt. Egentligen är han överårig och skulle inte gå i skolan längre men hans föräldrar har bett för honom och hans kunskaper är sannerligen inte mer lysande än att de gott kan tåla en liten påspädning. Så han får komma med. Fast Gud ska veta att jag ångrar denna godhet mer än en gång under sommarens lopp! För det första är han lat och för det andra olydig. Han anser det väl under sin femtonåriga värdighet att vara ett kvinnfolk underdånig, och många hårda strider kämpar vi ut om vem som ska rå. Som den gången t ex när han inte kunde sin läxa, och med anledning därav för första gången kommenderades till bärbmed.

– Tjokkit bärbmedi, Isak! säger jag med stort allvar, som inte tål någon ohörsamhet. Men Isak rör sig inte ur fläcken. Gå till bärbmed! befaller jag en gång till. Inte en rörelse av Isak, och de andra börjar se på honom och mig med förskrämda blickar.

– Mana! hör jag Lars Peter viska. Gå! Han sitter bredvid Isak och är en exemplarisk elev i alla avseenden.

Men Isak bara skruvar lite på sig, flinar hårdnackat och ger mig en ful blick under sin väldiga lugg. Ännu en uppmaning från mig ger samma resultat, varpå jag befaller honom att plocka ihop sina böcker och lämna skolan.

– Jag vill inte se dig mer. Du får gå! säger jag så lugnt jag kan, men inom mig önskar jag att jag bara ett enda litet ögonblick vore en stark karl med händer som skulle kännas som järn när de föll ned på Isaks spinkiga lekamen. Isak rör sig fortfarande inte, det fula flinet sprider sig endast över hans ansikte och jag känner mig så hjälplös som det gärna är möjligt. Men så reser jag mig med all den värdighet, som kan åstadkommas i en trång liten kåta, vandrar runt elden fram till herr Isak, tar stadigt i hans arm och leder honom ut. Och han följer utan spår till motstånd, endast med ett mycket rött och generat ansikte. Men hem vill han inte gå, vågar kanske inte, utan sitter utanför och hänger tills timmen är slut, då kommer han in och ber att få stanna kvar så ska han aldrig vara olydig mer. Inför hela skolan står han med sin ynkedom, och jag förlåter, och allt är gott igen. Mitt anseende har stigit så att en nästan skrämd anda vilar över skolan den dagen, och nästa gång Isak inte kan läxan förpassar han sig till bärbmed utan bråk och min ära strålar klart. Men så kommer det något förskräckligt. En dag har vi räknelektion och multiplikationstabellen ska förhöras. Det går lite som det kan för de andra, men när Isaks tur kommer läser han till min oerhörda förvåning upp sitt pensum med klingande röst och utan minsta tvekan. Jag berömmer förstås, men får i samma ögonblick se hur Lars Peter med fasa utbredd över sitt anlete tittar på den bok Isak håller i knät och vrider mellan händerna i väl spelad uppläsningsnervositet.

– Vad är det fatt med dig, Lasse? frågar jag.

Lasse svarar inte någonting, han bara ser förfärad på boken i Isaks knä och skakar ogillande på huvudet.

– Ge hit boken, Isak! säger jag då.

Isak ser upp under sin lugg, reser sig motvilligt och räcker mig boken över elden. Hela framsidan är fullskriven med multiplikationstabell. Fusk i en lappskola till och med! Då blygdes jag för min barndoms felsteg och skämdes för Isaks också. Och så fick han gå från lektion och skola och allt med många stränga ord att lägga på minnet. Och han luskade av som en hund som fått stryk och syntes inte mer den dagen. Men morgonen därpå, just när vi gjorde oss redo att sjunga första psalmversen, kom han som en virvelvind in i kåtan, kastade sig ned framför mig med huvudet i mitt knä och snyftade med tårdränkt röst:

– Herregud i himmelen, opahädje, förlåt mig!

Och jag rördes till medlidande och förlät för andra gången och Isak stämde in med de andra i den förunderliga psalmkonserten och allting var som förut, utom den taggen i mitt sinne som inte ville gå ut. Men efter den dagen var Isak en trogen slav, som läste och knogade och var duktig, som högg ved och hämtade vatten åt Ellekare och ständigt arbetade att sona sin skuld som han kände och ångrade. Och när jag en gång sa att jag inte kunde begripa varför han hade en så lång ful lugg, kom han dagen därpå till skolan kortklippt och snaggad ända in till huvudsvålen, vilket kom hans ansikte att få ett utseende av obeskrivlig fromhet som annars fullständigt dolts under skogen av hår.

Vi har hunnit ett gott stycke in på vetandets väg. I räkning behöver jag inte vara så ängslig längre när jag sätter upp problemen – det kan gott få vara både två- och tresiffriga tal numera och både addition och subtraktion. De har lärt sig att sätta upp i kolumner, vilket gick utan ett spår till svårighet och det roligaste ämne de vet är nu räkning. Om jag ger dem fem tal i hemläxa är det alls inte ovanligt att de kommer tillbaka dagen därpå med tjugofem, noggrant och väl uträknade. Och så ledsna blir de om jag måste stryka över ett tal som tecken på att det är fel att jag knappt har hjärta att göra det – för de ser så bedrövade och snopna ut att man blir riktigt ledsen själv över att behöva kritisera.

I kristendomen håller vi på med nionde budet efter att

mödosamt ha tragglat igenom de övriga åtta. Det smärtar mig att behöva säga det men alla har de undergått större eller mindre revideringar som nog inget prästerskap i världen skulle kunna gilla. Vad Martin Luther skulle säga om han hörde det vågar jag inte tänka på. Som Nilsa nu när han blir förhörd på nionde budet:

– Tu skall icke hava lust till nästa hus.

– Din nästas hus står det! En gång till.

– Tu skall icke hava lust till nästa hus.

Jag suckar och låter det gå. I två dagar har jag lagt ned hela min arbetsintensitet på "din nästas hus", utan andra resultat än detta. Det är inte bara Nilsa som utmärker sig i detta speciella fall, alla fyra barnen i översta klassen säger precis detsamma, och ändå är de långt ifrån dumma och alls inte tjuriga och envisa. Att uttalet av hårda och mjuka konsonanter är ett oöverstigligt hinder har jag förstått för längesen, men denna förenkling av katekesen är allt lite mer betänklig tycker jag, i synnerhet som vartenda ett av buden underkastas häpnadsväckande förändringar som oftast inte alls är med deras mening överensstämmande. Men vad ska man göra! Man kan inte begära av barnungarna att de ska läsa rätt det de inte förstår ett smul mer av än om det vore siamesiska. Inte kan Nilsa hjälpa att i hans öron "nästa hus" klingar lika bra som "din nästas hus" – inte är det möjligt att förklara för honom att meningen blir en smula förändrad, det skulle han ändå aldrig få klart för sig. Och när han äntligen trälat sig fram till "vad är det" och full av andakt säger:

– Tu skall icke lustigt stå efter nästa hus. Då lönar det sig inte att förklara att lustigt och listigt inte är fullt analoga begrepp för han kommer ändå aldrig att kunna skilja de begreppen åt, så länge han inte är fullt mäktig språket. Jag förklarar i alla fall och rättar för ordningens skull, men översättningen av de olika orden kommer honom endast att se det humoristiska i saken, och han och de tretton andra fnittrar så mycket de orkar. Och inte kan jag själv heller låta bli att dra på munnen en smula, det är minsann inte så gott att hålla sig allvarsam och högtidlig alla gånger. Jag undrar vad en kristendomslärare i en vanlig folkskola skulle göra för min om han en dag på fullaste heligaste allvar fick höra:

– Du skall missbruka herren din Guds namn ty Herren skall låta honom vara ostraffad, som hans namn missbrukar.

Det händer nämligen förkrossande ofta att just det viktigaste ordet utelämnas – kanske för att det är särskilt besvärligt att säga, eller för att det är så litet, att vederbörande tänker att det inte ska märkas om det kommer med eller inte. Om jag vågade skulle jag låta barnen slippa detta meningslösa utantilläsande helt och hållet men det går inte an; normalskoleplaner och läsordningar måste följas och katekesläsningen kan inte tas bort. Det är bara för läraren att göra det bästa möjliga av det omöjliga och förklara vad varje bud som rabblas upp innehåller.

Förenklingsprincipen gäller för övrigt inte bara katekesen. Den praktiseras mycket även vid innanläsningen, ibland med resultat som ingen dödlig kan drömma om. Uttalet är det nog också si och så med och kan ibland skapa satser och meningar som skulle komma författaren att blekna av förfäran. Aldrig ska jag väl glömma den dag Lars Peter läser upp innanläsningsläxan, en underbar berättelse om en trogen soldat som fastän själv döende bringar sin törstande och sårade major en dryck vatten på slagfältet och sedan ger upp andan. "Misströsta inte herr major, utan hoppas på Gud, det ligger en damm ej långt härifrån", säger den trogne soldaten. Och Lars Petter läser med oefterhärmlig grace:

– Misströsta inte herr major utan hop-pas på Gud, tet ligger en dam ej långt härifrån.

– Damm, ändrar jag med mild röst. Inte dam, det är stor skillnad. En gång till, Lasse!

– Det lig-ger en dam ej långt häri-från, tar Lasse hårdnackat om igen, och ingenting kan rubba honom från denna dam.

En annan gång är det Inkers tur – Gates flicka, som är en av mina bästa och flitigaste elever. Hon läser om skapelsen i bibliska historien, och med den innerligaste fromhet och oskuld kommer det:

– Och Herren sade: varde lus och det vart lus.

– Hur uttalas lj, Inker? frågar jag med den allra lättaste dallring på rösten.

– Som j, svarar Inker utan tvekan.

– Men du läste inte så – en gång till!

– Och herren sade: Varde lus och det vart lus.

Ingenting mer att göra. Nästa man! Erfarenheten har lärt mig att envishet tjänar till intet när det gäller dessa barn – de måste få lite tid på sig innan en ny lärdom slår rot. Om jag ber Inker läsa "varde ljus" tio gånger nu, så ska hon utan tvivel alla tio gångerna säga "varde lus", men om jag låter henne sitta en stund och fundera och vid timmens slut låter henne försöka på nytt, så blir det alldeles säkert rätt.

När Isak vid ett annat tillfälle läser i bibeln om Jesu bespisande av de femtusen männen och hinner till korgarna med kvarlevorna, säger han, efter att länge ha tittat på meningen och begrundat dess uttal:

– Och de upptog sju korvar med kvarlevor.

Om jag nu satte mig att förklara skillnaden på en korv och en korg och höll på i många timmar, skulle både Isak och de andra vara lika kloka för det, ty ingen av dem har sett varken det ena eller det andra, det brukas inte i lapphushåll. Och om också de äldre på sina vandringar sett båda delarna, när de kommit i beröring med nybyggare och bönder, så är det dock tämligen okända begrepp för barnen. Och på det viset står man fullkomligt hjälplös inför de problem som själva läroböckerna ger en att lösa. Jag talar nu inte om bibeln, den måste ju alltid vara som den är, vilket folkslag som än läser den. Men de andra läroböckerna! De kan få en att vrida händerna av förtvivlan och vanmäktig vrede, så absolut omöjliga och odugliga är de att användas för dessa lappbarns undervisning. När jag bara tänker på läseboken för de stora och abc-boken för de små, så hittar jag så många exempel att styrka min indignation med att om jag tog dem alla skulle det bli till en liten bok för sig. Men några ska jag dra fram och visa.

Båda böckerna är utgivna av Carl och Knut Kastman, förmodligen med tanke på vanliga svenska landsskolor. De har också använts där en längre tid, är visst ännu i farten och det är inte så länge sedan en ny upplaga med nystavning gavs ut. Ur dessa böcker hämtar nu även lappbarnen sitt vetande, och det är inte utan att jag då och då uppsänder en tacksamhetens suck till Ibmil, lapparnas Gud, för att han ej givit sina minsta barn förståendets gnista, när det gäller svenska. Följande praktblommor är tagna ur abc-boken:

sjudhet rödkål, vår själ är dyrbar,
    åt du kokhet rödkål
    ligg, min gode far

min mamma såg er fina dam falla i vår damm.

Sällan – det får man åtminstone hoppas – blir väl ett lappbarn i
tillfälle att se en fin dam falla i en damm, och ännu mera sällan
blir samma lappbarn i tillfälle att äta kokhet rödkål. Jag tror
nästan, att en lapp hellre svulte ihjäl än han sudlade sin mun
med "rasi" – det betyder gräs – ty rasi är något alltför föraktligt,
han ser det inte, han trampar bara på det, det är allt. Inte ens de
skönaste blommor är något annat än rasi som tjänar honom till
en mjuk matta att sätta foten på. Och därför kan rödkål inte ha
någon som helst betydelse i hans medvetande och inte heller i
hans barns. Det omedelbara sammanhanget mellan samma
sjudheta rödkål och vår själs dyrbarhet är också lite kinkigt att
på ett tillfredsställande sätt förklara. Som avslutning tar jag
följande: *Exempel på olika sätt att utläsa c:* Cato, citron, cittra,
cigarr, Carlsson.

Det finns illustrationer också till den boken som sannerligen
kan få vem som helst att spärra upp ögonen och det förvånar
mig inte alls när jag ser lappbarnen stirra på besynnerligheterna
med uppspärrade ögon och vidöppna munnar. En markatta t ex
som rider på en getabock, ett lejon som ryter bredvid en kaktus,
en åsna som mediterar över en tistel, en igelkott som äter ägg, en
gripsvansapa med oändligt svårmodigt utseende, en ... Nej, allt
kan inte beskrivas. Av alla dessa kreatur finns det inte ett som
något av barnen sett eller någonsin kommer i tillfälle att se och
man läser så väl i deras miner när de betraktar dem: såna djur
finns inte! Denna misstanke kan ju inte gärna föda något intresse
hos dem att få veta vad som står skrivet om dessa djur och dessa
planscher. Tänk om det i stället vore en bok där renar och
hundar och vargar, kåtor och pulkor var avbildade och med text

lämpad efter dem! Det skulle bli annan fart på läsningen då minsann. Ty det bör givet vara mera intressant för ett lappbarn att stava sig fram genom satser om renar och fjäll än att läsa om fina damer som faller i dammar, om rödkål och citroner, om Cato och Carlsson, och många andra besynnerliga och för dem overkliga saker.

Läseboken för de större har inga illustrationer, men för övrigt står den ingalunda abc-boken efter på något sätt vad texten beträffar. Den är full av den ädlaste moral, av den mest lysande dygd och inte ens den strängaste predikant skulle kunna ha något att invända mot det blixtsnabba sätt på vilket olydnad straffas, plikt belönas och allt styrs till det bästa. Men det skulle bli lite svårt för en lärarinna i en läppskola att på ett tillfredsställande sätt förklara en sådan historia som denna – om de nu hade förstått det de läst och fordrade en utläggning. Berättelsen heter "Tänk på att du helgar vilodagen" och återges härmed in extenso:

En gång bodde i en stad tvenne skomakare, av vilka den ene hade hustru och många barn men den andra hustru och inga barn. Den, som hade många barn, var en from man. Han gick gärna i kyrkan för att höra Guds ord. Sedan arbetade han friskt om sockendagarna. Det gick honom ock lyckligt, så att han blev en välmående man. Den andra däremot, som inga barn hade, satt över sitt arbete utan rast och ro, så att han icke ens vilade om söndagar, högtidsdagar och högtidsaftnar, ja, knappast om natten, men likväl ville det icke gå för honom. Han förvärvade icke annat än skulder. Då går han en gång till den rike mästaren och säger: "Broder, tillåt mig fråga, hur det går till! Du har så många barn och är så rik, och likväl plågar du dig icke på långt när så mycket som jag. Jag däremot har inga barn. Dag och natt

gör jag mig mycket omak, men det vill ändå ej gå bra för mig."
Den fromme skomakaren säger: "Gå i morgon bittida med mig,
så vill jag visa dig, varifrån jag har min rikedom."
Då den fattige skomakaren kom dagen därpå, förde den
andre honom med sig i kyrkan. Men då han sedan ånyo ville föra
honom dit svarade han att han ej bett honom att visa vägen till
kyrkan utan att säga hur man kunde bli så rik och samla så
många skatter som han. Då svarade den rike skomakaren: "Har
du icke hört, att Herren Kristus i evangelium säger: 'Söken först
efter Guds rike och hans rättfärdighet, så faller eder allt detta
till?' Jag känner intet annat ställe, där man kan få vad man
behöver både för själ och kropp än kyrkan." Den fattige
skomakaren sa: "Du kan hava rätt, broder!" Från den stunden
gick även han gärna i kyrkan och hörde flitigt Guds ord samt
gjorde därefter. Så kom han med tiden ifrån sina skulder och fick
lycka och framgång i sitt yrke.

Hur ska man nu på ett för moralen tillfredsställande sätt
kunna förklara denna underbara historia för ett barn eller för
någon levande varelse, och hur ska man framför allt kunna tänka
på att för en liten planta i Lapplands ödemarker lägga ut denna
den förunderligaste av alla sedelärande berättelser så att inte
fliten kommer att framstå som ett tämligen onödigt ont, som bör
brukas med försiktighet. Fliten, som för lappen är nödvändigare
än allt annat på jorden! Men si, Kastman har förutsett detta
dilemma och löser det på ett lika enkelt som förvirrande sätt! På
en annan sida läses nämligen följande hymn:

Fliten
    Lättjan föder sorg och nöd
    och ger aldrig dagligt bröd,

men, se, flit gör kinden röd
och ger bröd i överflöd.
Lättja skadar kropp och själ
flit bekommer båda väl.
Flit ger munterhet och fröjd,
lättjan den gör ingen nöjd.

Vilket ska man nu tro? Den behagliga känslan av det trägna arbetets onödighet som griper en vid genomläsandet av "Tänk på att du helgar vilodagen" förbytes i en lätt olust när "Fliten" fångar ens ögon, men det är kanske meningen att dra medelproportionalen ur det problem, som sålunda bildas, och på det sättet skaffa sig en viss behållning av det man fått i sig. Men mina elever har inte lärt sig att dra medelproportionalen ännu – de kan bara räkna addition och subtraktion i kolumner. Och därför skulle de nog ha lite svårt att smälta dessa läsebokstycken på det rätta sättet om de begrep ett ord av deras innehåll.

En annan lärorik och värdefull uppsats ur samma lärobok bär den ståtliga titeln "Havet" och i den får man en verkligt uttömmande skildring av havets viktigaste funktioner, dess liv och växtvärld. Kanske dock att den utomordentligt färgrika beskrivningen på den mera sällsynta företeelsen av en direkt sjöresa från Stockholm till Amerika är det mest intressanta momentet. Detta är "Havet":

HAVET
I

Hur stort är havet? Slutar det där, där himmeln synes skära av det? Vi ska i tankarna följa en resa från Stockholm till Amerika. Man går i Stockholm ombord på ett skepp. Fartyget lägger ut och ilar bort. Till en början går dess väg mellan klippor och skär; sedan kommer det ut på en vik av stora havet. Stränderna försvinner, man ser blott himmel och vatten. Så går den ena dagen efter den andra. Ännu synes väl stundom fasta landet har och där, och en och annan ö sticker upp över vattenytan; men då man kommer ut på stora havet, som sköljer vår världsdels västra kust, försvinner varje spår av land. På alla sidor utbreder sig den stora vattenöknen. Det enda liv, som här visar sig är fiskarna, som leker i vågorna, och fåglarna, som kretsar i luften. Så förlider dag efter dag. Slutligen ser man kusten, efter vilken man så länge väntat. Nu skallar ropet: "Land, land!" Och många uppsänder lovsånger till den himmelske Fadern som bevarat dem under den farliga resan över havet.

Havet är mycket stort. Det upptager nära trefjärdedelar av jordens yta.

2

Hur stort havet än är känner sjömännen noggrant vägarna därpå. Drivna av vinden eller ångan klyver årligen tusentals skepp havets böljor. De går åt söder och norr, öster och väster, från den ena världsdelen till den andra. Många för utvandrare till Amerika eller Australien. Andra hämtar te, kaffe och kryddor från Asien, guld, bomull, sockerrör och tobak från Amerika, fikon och elfenben från Afrika, guld och ull från Australien. Andra åter för till världens skilda länder en mängd saker, som blivit förfärdigade i Europa, såsom garn, strumpor, vävnader m m. Några skepp går upp till det kalla Ishavet och kommer därifrån lastade med fisk, björnhudar, tran m m. Även ned till havsbotten begiver sig människan. I havets djup finner hon liksom på jordytan berg och dalar. Där rör sig om varandra glupska hajar, jättestora valar, sköldpaddor, snäckor och musslor samt många andra djur; där frodas även växter. Några av dessa har stänglar som är mycket, mycket långa.

Ja, det är några exempel på böckerna vi har att läsa, och så särdeles uppmuntrande kan man ju inte säga att de är. Men så länge det ännu inte skridit längre med språkundervisningen så betyder det inte så mycket. Vore nu denna läsebok för de större som den skulle och borde vara, så kunde den innehålla en massa saker som vore både nyttiga och intressanta för barnen att veta, och som kunde sporra dem till ivrigare ansträngningar att lära sig förstå och tyda svenskan. Där kunde stå om den övriga delen av Sverige, som de nu inte vet något om, om kungen och riksdagen och alla möjliga trevligheter, som för barnen söderut är det dagliga livet, men som för dessa barn är lika okända som om man berättade de vildaste sagor för dem. Där kunde stå berättat om lapparna själva och deras härstamning, om andra vildmarksfolk och deras liv, där kunde stå om renskötsel, om sjukvård – ett fullkomligt okänt ämne i Lappland – om sol och måne, om hundrade saker som vore nyttiga och värdiga, och som skulle göra barnen oändligt nöje och stor nytta. I stället är man nu hänvisad till berättelser om skomakare och negerslavar och sjömän och myror och fjärilar och gud vet allt. Det är inte roligt och man har hela tiden en känsla som om man vore lite generad. När fjorton par klara allvarliga ögon betraktar en i ivrig förväntan att få veta vad det som de läser betyder, så vill man gärna ha något bättre att tala om, något mera värt besväret liksom. Men det får man väl inte förrän en bok blir särskilt skriven för lappskolorna – om det blir någon gång.

Flitigare och mer läraktiga elever kan man knappast önska sig än dessa små lappbarn är. De är så ivriga att lära, så intresserade av allt nytt som man berättar dem, så villiga och glada åt den kunskap man söker bibringa dem. Det händer ju att de planterar om det de få höra i sin egen jordmån och rättar det efter det liv de lever i, och då kan det ju bli lite snedvridet söm allmänt vetande betraktat, men för dem kommer det närmare och blir rikare på det sättet. Jag minns i den bibliska historien en gång. Jag hade berättat för dem om Josef, och hur illa hans bröder behandlade honom, hur de skickade honom i fångenskap. Dagen därpå skulle jag höra hur mycket som satt fast av det där, och fick riktiga och förståndiga svar på alltsammans. Så blir det Lars Peters tur, och då har berättelsen skridit så långt som till fångenskapen.

– Vad gjorde då Josefs bröder med honom, Lasse?

– De skickade honom till Trondhjem, svarar Lasse med trovärdig och indignerad uppsyn. Och hur besynnerligt det svaret än kan låta för en med lappförhållanden obekant, så är det dock från Lasses syn på saken fullkomligt riktigt. Till Trondhjem sändes nämligen alla norska lappar som gjort något med rättsprinciperna mindre överensstämmande och Lasse hade hört om många norsklappar, som fått fara till Trondhjem för renstölder och knivhuggning, och vad det nu kan vara. Och så sa han den fångenskap han kände bäst till och det var inget ont i det. Det blev skratt förstås, och Lasse blev röd som en pion i sitt runda och fräkniga ansikte, men han var säker på sin sak och såg lugnt på skrattarna. Och Josef fick gärna för mig sitta fängslad i Trondhjem.

De fyra timmarna, som skolan tar i anspråk varje dag går så fort att man tycker att det knappt har hunnit börja förrän det är slut, och barnen tycker inte heller att det är långsamt. De har inte riktigt så brått nu som den första tiden att komma iväg hem, när jag säger:

– Nu är det slut. Adjö!

Det händer allt emellanåt att de stannar en stund utanför och väntar lite smått på att jag ska komma ut och leka med dem någon ny och okänd lek. Det gör jag också ibland och vi har storartat roligt en timme eller två, tills Ellekare kommer och ropar in mig till middagen eller någon väntande patient som vill bli botad för något ont.

– Nu är det bäst ni går hem! säger jag då till barnungarna.

Och som en storm brusar de utför sluttningen på sina skidor, ropar och skrattar så det ljummar i luften och lämnar ett stort och tyst tomrum efter sig. Som dagen därpå på nytt blir fyllt med strålande liv.

Och jag går in till mina plikter. I kåtan sitter nästan alltid efter skolans slut ett par tre stycken som har någon krämpa de vill ha botad, och då hjälper inga undanflykter eller en så enkel sak som att jag förklarar att den och den sjukdomen förstår jag mig inte alls på.

– Alltid kan du ge mig något på försök åtminstone! säger de, och så får jag lov att portionera ut någon medicin, som om den inte gör nytta i alla fall inte skadar. Emellanåt ger den åtminstone lite lindring, om det är någon reumatisk eller annan värk, och de är tacksamma för det. Ibland vid mera lätta fall har jag kunnat hjälpa fullständigt, och genom dessa få lyckade kurer är mitt läkarykte spritt vida omkring och har vunnit stor stadga. Så fort skolan är slut kommer patienterna. I början var det inte så noga med tiden – de kom mitt i lektionen och sökte mig, men sedan jag sagt dem att medan skolan pågår kan jag ändå ingen hjälp ge eller ens höra på vad de har för sjukdomar, så väntar de och kommer ej förrän barnen störtat ut genom oksan på hemväg. Då dröjer det inte länge förrän jag har några stycken sittande kring elden, då slängs kaffepannan på, och det pratas och skrattas och är trevligt och alla låtsar de som om de alls inget ärende har. De vill inte gärna fram med vad de har på hjärtat förrän de är ensamma med mig och Ellekare, och på det sättet kan de ibland bli sittande kvällen över. Den ena ska vänta ut den andra, och ingen vill ge sig och gå först eller tala först, men till slut inser de då att ingen återvändo ges, och med många snirklade vändningar kommer ärendet fram. Det är minsann svårt nog bara att förstå sig på deras beskrivningar av sitt onda.

– Jag har fått ont utanför kroppen, säger en. Kan du hjälpa mig med det?

– Utanför kroppen?

– Ja, se här.

Det är en svullnad som slagit upp – det kallas att ha ont utanför kroppen.

– Jag har solen i halsen, säger en annan. Hur ska jag få bort den?

– ??

– Det är torrt och bränner jämt.

– Du ska låta bli att dricka kaffe, säger jag.

Då blir det skratt, för en så tokig ordination kan inte vara annat än skämt. Förr fick väl halsen svida tvärt av än man försökte reda sig utan kaffet, som är det enda roliga man har. Och jag förstår också mycket väl att det inte kan bli tal om lydnad i det avseendet, men utverkar i alla fall att kaffet inte dricks på alldeles fastande mage, och delar så ut lite bikarbonat och ytterligare några förmaningens ord.

– Uldat har satt ont på mig. I ryggen, klagar en gamling.

112

Uldat – de underjordiska. Det är trollvarelser på gott och ont, som bor under jorden och ser ut precis som lapparna själva. De byter bort barn och trollar ont på dem de inte tycker om, men dem de älskar ger de allt gott i världen. Och när uldat har gått i ryggen så är det detsamma som ryggskott, och det botas med kamferliniment och värme.

En gång kommer en lappgumma ända från Vuoskojauri – två och en halv mil – för att få sin hörsel tillbaka, som varit borta i många herrans år.

– Jag kan inte göra något åt det, skriker jag i hennes öra.

– Jo men, kan du så. Du *vet* något, och bara du vill så kan du nog. Jag har sånt örsprång också. Och jag har gått lång väg för att bli hjälpt, så nu får du inte neka. Och tvättat mig har jag gjort i öronen, så titta nu är du snäll.

Jag tittar och är just lika klok för det, men lite varm olja kan jag ju alltid drypa i för örsprånget, och det gör jag också. Dagen därpå kommer hon tillbaka – hon har legat hos släktingar i byn över natten – och hör naturligtvis mycket bättre än hon gjort på många år. Saliga är de som tror! Hon får lite olja med sig i en flaska, lite brokiga band till en ny mössa, och lunkar iväg hem igen, nöjd och belåten med sitt besök.

Den oftast förekommande krämpan är tandvärk, och för dess botande har jag den enklaste av alla mediciner, rekommenderad till mig av en tandläkare: senapsolja. Ett av Ellekares allra största nöjen är när den ska användas, och det är onekligen en mycket löjlig situation, som inte jag själv heller kan låta bli att skratta åt. Den sorgsna patienten kommer in schalbehängd och svullen, kvider fram ett ömkligt: boris! och vill inte se åt kaffekoppen ens.

– Har du tandvärk? frågade Ellekare med hoppfull ton.

– Ja. Skulle be lärarinnan bota. Det har värkt så länge nu så jag orkar inte känna det längre.

– Det botar hon! svarar Ellekare med trygg röst. Och så fnissar hon för sig själv och kastar en blick åt medicinkistan. Den stackars tröstade ser nöjd ut över löftet, men kan inte riktigt gilla skrattet, och endast min medlidsamma och allvarsamma min kan i någon mån hjälpa upp Ellekares blunder. Ellekare tar under tiden fram den lilla flaskan med senapsoljan och räcker mig den med de muntraste ögon, som nästan lockar mig att brista i skratt vid tanken på det som väntar. Men jag hejdar mig så gott jag kan och ber patienten komma närmare.

– Kom ända hit fram till mig, Rihta! säger jag – låt oss anta att det denna gång är Rihta borta från andra sidan fjället som har kommit för att få hjälp i sin nöd. Rihta närmar sig och tar bort duken från huvudet. – Ge mig den andra flaskan först, Ellekare!

– Javisst, den glömde jag! säger Ellekare och vänder sig bort för att inte Rihta ska se hennes leende. Och så räcker hon mig en liten flaska med vatten i – det är lärlingsflaskan. För att senapsoljan ska hjälpa måste doften av den dras in med ett mycket starkt och hastigt andetag och man håller för den ena näsborren – på den sidan av huvudet där man inte har ont – sätter den andra över flaskmynningen och drar ett djupt, snabbt drag. Men senapsoljan stinker på långt håll och av erfarenhet vet jag, att lukten av den gör patienten rädd redan från första stunden så att han inte vågar dra till så hårt som det behövs för att det ska göra verkan. Och därför låter jag dem öva sig först på vattenflaskan och när de så dragit en fyra, fem gånger och kan konsten riktigt, så sätter jag i ett obevakat ögonblick senapsoljan i stället. Så med Rihta nu.

– Dra ordentligt! kommenderar jag.

Och Rihta drar misstänksamt och ängsligt, medan hon håller för ena näsborren och håller munnen öppen.

– Bättre! säger jag. Och hon drar igen, denna gång modigare och inte så förskrämt. Det var ju inget farligt!

– En gång till och hårdare! Rihta snörvlar till igen och på andra sidan elden hör jag Ellekare utstöta ett misstänkt ljud.

– Nu gjorde du det rätt bra, säger jag. Ta nu i en gång till det värsta du kan, så slipper du och är bra sen.

Rihta drar till så att jag nästan vacklar för draget och denna gången är det över senapsoljan hon håller näsan. Effekten är storartad! Med ett tjut som endast en senapsoljestyrkt människa förmår upphäva viker sig Rihta dubbel som en fällkniv, hostar och nyser och skriker och skrattar på samma gång och åkallar högljutt Ibmil. Ett ögonblick tror hon alldeles säkert att hon ska dö – ammoniak är som den milda doften av en reseda i jämförelse med senapsoljan – så småningom går det dock upp för henne att hon ska leva ännu någon tid, efter ytterligare några minuter förstår hon att denna levnad möjligen kan fortsättas utan tandvärk, och om en liten stund skrattar hon mot Ellekare och mig med ögon så blida som solsken, och har innerligt roligt åt sin egen förskräckelse nyss. Hon säger inte nej åt en kaffekopp nu, men måste avbryta sig mitt i drickningen för att skratta åt hur rolig hon måste ha sett ut när hon drog in senapsoljan, och är alls inte missnöjd med Ellekares och min tydliga munterhet. Och sådana är de allesammans – snara att finna humorn i allt om det också gäller deras eget skinn. Det finns inte en av alla dem som prövat den underbara senapsoljan som förtörnats över vårt skratt, och ändå är de legio, som haft sin näsa över den flaskans mynning innan det tog slut på innehållet.

Men det är inte bara patienter som kommer på besök – det är

också artighets- och vänskapsvisiter som går av stapeln. I synnerhet om söndagarna när alla societetsplikter avbördas. Då kan det sitta ända till en sexton, sjutton stycken i min kåta – män (flera av dem har nu kommit åter från Norge), kvinnor och barn, och då ska jag säga att pratet går så det surrar. I så stor krets är det dock mera allmänna saker som dryftas: hjorden och norrmännens uppförande mot renvaktarna, sommarens skadeersättningsmöjligheter och betet där västerut. Skadeersättningarna kallas av lapparna "taxt", och de är ett årligen återkommande ont, som åsamkar mycken sorg och veklagan. Det är de norska länsmännen som taxerar och bedömer de skador renhjorden kan anses ha gjort på böndernas mark och sedan blir det för lapparna att betala om de inte vill se alla möjligheter stängda att nästa år åter få föra sina hjordar in på norskt område. Detta är söndagarnas liksom alla andra dagars ständiga samtalsämne, där alla kan vara med, alla vill säga sitt ord, och det är ett surr som i en bikupa medan kaffekopparna vandrar omkring och sockerbitarna knastrar mellan tänderna.

Under visiterna på vardagarna går det mera stillsamt till. Då är det vanligen kvinnfolken i grannkåtorna som kommer intittande ett slag på eftermiddagen, de har arbete med sig och då syr vi och väver och stickar och dricker kaffe och har inte tråkigt en minut. Ofta kommer Gate och hälsar på och det känns så trevligt och tryggt när jag ser hennes ansikte glutta i oksan. Som om det vore en gammal god vän som jag längtat efter och inte sett på länge. Hon har alltid sin bandväv med och vackrare skoband än Gate väver har jag aldrig sett någon göra. Med så vackra, klara mönster. Det är förresten förunderligt hur väl och jämnt de kan väva i en sådan liten primitiv historia som deras vävstol är. Vävstol! Det kan inte få det namnet på långa vägar men det är inte lätt att veta vad det ska kallas för. Mest liknar det en mycket stor, grovtandad kam, sluten i båda ändar och förfärdigad av renhorn. Tänderna är breda och glesa och inte alltid så särdeles jämna och mellan dem träs varpen. Ena ändan av den fästes i bältet på den, som väver och den andra knyts om en träkäpp, som bara ställs ned helt löst i golvriset och stöds av foten, så att den inte faller omkull. Något primitivare och enklare än denna vävstol kan man inte tänka sig och det är ett rent under att se hur lätt och skickligt vävningen går. Vävbommen utgörs av ena handen och snabbt blommar de grannaste rosor och blad upp under väverskans fingrar som rörs så hastigt att man knappt kan följa dem. Jag vet inte vem som är skickligast, Gate eller Ellekare, eller för vem det går fortast – de är visst lika rappa båda två. Och fastän de måste räkna och hålla reda på mönstret går munnarna lika hastigt som händerna. Sanna, min vän från första morgonen i lägret, tuggar sentråd, så hon hinner vanligen inte göra så många inlägg i konversationen, då det tyvärr är en fysisk omöjlighet att hålla ihop läpparna och tala på samma gång. Men ibland tar hon sig fritt en stund, och då har hon en hel del på hjärtat, som måste ut. Marge är inte heller någon sällsynt gäst – hon stickar strumpor eller tuggar sentråd och sitter mest tyst. Ellekare stickar brokiga vantar och Marja, Sannas artonåriga dotter, syr på en mössa. Själv syr jag på en ny kolt, och många och visa är de råd jag får om garnering och tillskärning. Att det ska vara röda och gula klädesbårder neromkring är alla ense om – på den saken får det aldrig i livet ändras och inte heller på att manschetterna ska vara av rött och gult kläde, och att det kring halsen ska vara en gul klädesremsa. Men sen är fältet fritt för de vildaste fantasier om vad för ganser dessa klädesremsor ska prydas med. Den ena råder hit och den andra dit. De äldre tycker att det är bäst att hålla den enkel, de yngre anser att när det finns möjligheter till elegans så vore jag en dåre som inte använde dem.

– Ta inte mer än fem sorters krokband nertill! varnar Sanna. Predikanten kommer hit i sommar och då blir han ond om han får se för mycken stass.

– Du kan ta av dig den när han är här! skriker Marja i vildaste upphetsning, rädd att Sannas ängslan ska smitta mig. Marja är ung och vacker och inte så kristen som Ellekare kanske skulle önska. Men denna gång får hon medhåll av Ellekare, som fått för sig att denna kolten fullkomligt ska fördunkla alla hittills sydda.

– Jaha, den kan du ta av! Vi plockar nog minsann av oss lite var och en det fina vi har då. Jag tänker nog att du lägger av dig den där granna broschen du har Sanna!

Sanna tar sig med förvirrad min åt bröstet, där ett gammalt vackert silversmycke håller samman duken. Och allesammans skrattar vi.

– Ta sex krokband! säger Gate, och det beslutar jag mig då för till Ellekares och Marjas oerhörda grämelse. Och när det väl blivit bestämt och allting är lugnt igen, börjar vi skvallra lite smått. Det är nu om Gates piga Anne som samtalet rör sig. Anne är förlovad och ska gifta sig. Det vet vi alla, Ellekare och jag har ju till och med skrivit brev till fästmannen. Hon har skrivit till prästen om lysning också, så där är väl allt klappat och klart? Men Gate ser mystisk ut och förtäljer att Nila, så heter fästmannen, varit och hälsat på Anne nu i söndags. Men när Anne fick se honom så tyckte hon att han såg så gammal och ful ut att hon bestämde sig för att hon inte ville ha honom. Och det sa hon åt honom, och han blev nog mycket ledsen, för han tiggde och bad henne att inte ändra sig. Men Anne stod fast och sent på natten gick han till sin plats – långt norrut i Norge. Och Anne lät honom gå och själv gick hon och la sig för hon är fri från renvaktning nu en månad framåt när så många manfolk är vid hjorden. Men igår bad hon sig fritt – hon ångrade sig. Kanske hon tyckte att det var tomt också efter alla fästepresenterna som hon måste ge tillbaka när han gick. Och fritt fick hon, och så la hon lite mat i laukon och satte av efter honom på skidor. I morse kom hon hem — hon hade hunnit ikapp honom nära fyra mil norrut och nu var de förlovade igen.

– Men på middagen i dag var hon hos mig och bad att jag skulle skriva till prästen och ta tillbaka lysningen, om det inte var för sent. För hon hade ångrat sig, säger Ellekare med häpen uppsyn.

Och alla förvånar vi oss förstås och jämrar oss över en sån obestämdhet.

– Hon tycker väl om någon annan? försöker jag försvara henne. Och då är det inte så gott att veta vilket som är bäst. Den hon tycker om kanske inte vill ha henne.

– Nu träffar du det som det är, säger Gate, och Sanna nickar med högtidlig uppsyn. Det är inte gott för flickan, och hon har det svårt nog.

– Hur har hon det då, stackarn? Kan du berätta det, eller är det en hemlighet?

– Ånej minsann, blandar sig nu Marge plötsligt i samtalet. Det är ingen hemlighet. Det vet vi nog så många här är utom du. Tala om du, Sanna.

Och Sanna berättar.

Anne har varit förlovad en gång förut. I sex år höll de ihop, hon och den vackraste lappgossen som fanns i byn – aldrig har någon sett en så vacker gosse förr. Lång var han och stark och smal. Han bar henne över älvarna när de skummade som högst och de andra männen gick fot för fot och knappt kunde ta sig fram själva, och han rände på skidor som blixten far över himmelen. I sex år var de fästfolk och vaktade i samma halvkåta över samma hjord. Två barn hade de med varann, men så fattiga var de att de inte kunde tänka på att gifta sig ännu på ett par år. Men de hade allt samlat lite renar ändå av de som de fått i lön, och det såg ut som om det kanske inte skulle dröja så länge förrän de kunde slå sig samman. För att få flera renar i lön tog han plats på ett annat ställe hos en annan stam, men hon stannade kvar här. Han kom till en mycket rik lapp, som bara hade en dotter, och hon var vansinnig så ingen hade velat gifta sig med henne. Ful var hon också och puckelryggig. Men han blev väl som förbytt, pojken, när han kom dit bort för han glömde både Anne och allt han lovat henne och gifte sig med den vansinniga. Och blev en rik man. Men Anne, hon fick inget veta förrän allt redan var skett, och det frestade allt på henne, när den underrättelsen kom.

– Men barnen då? frågar jag.

– Ett dog strax det föddes, men det andra är hos hennes föräldrar och hon betalar väl lite för det.

– Är han lycklig nu då, den som övergav henne.

– Vet jag, säger Sanna. Rik är han då, men inte lyckligare än den kan vara som har gjort den största orätt på jorden.

– Och nu tar hon väl inte Nila heller?

– Åjo, skrattar Gate. Det blir nog Nila ändå. Man ränner inte åtta mil på skidor om man inte bryr sig om ett manfolk något. Och Nila är bra, fast han varken är rik eller ung.

– Hur gammal då?

– Han vet inte det själv, men nog är han väl över trettio år, faller Ellekare in. Jag känner honom.

– Men det är väl inte gammalt.

– Jo, nog är det gammalt, säger Ellekare, och alla de andra instämmer.

Så sitter vi tysta en stund, var och en i sina tankar. Jag ser på Marge, som tuggar och tvinnar rensenorna till trådar – fina, tunna starka trådar som sedan används till skosyning och till allt annat som förfärdigas av läder. Så fort och vant det går. Först tuggar hon senan så den blir mjuk och lös, plockar av alla ojämnheter, sen tvinnar hon den mot kinden så den blir klar och styv, skarvar samman den med nästa och spinner på sin oändliga tråd, tålmodig och tyst, med ett sorgset uttryck i de stora ögonen som är så mörkt bruna att de nästan ser svarta ut. Med ett reser hon på sig, stryker kolten utefter sidorna, stoppar senorna i barmfickan och försvinner ljudlöst genom oksan. Det är så seden är, och ingen finner något besynnerligt i det. Om en stund gör Marge på samma sätt, snart är det bara Gate kvar. Hon väver alltjämt med sina snabba, smala händer, men låter så väven sjunka och ser sig omkring i kåtan med granskande vänliga blickar.

– Det blir storm till natten, säger hon. Jag känner det i luften. Säg åt Ellekare att hon hugger en tsaggi, så inte kåtan blåser bort för er. Och så ska jag ge dig den här – Heikka hade den med sig i går, när han kom hem.

Hon räcker mig en stor kaka mjukt norskt bröd med russin i – den har hela tiden legat bredvid henne inknuten i en halsduk och jag har flera gånger för mig själv undrat vad i all världen hon hade där. Nu får jag äntligen se det, när alla de andra gått, och jag blir alldeles röd av glädje, det känner jag. För att inte tala om

Ellekare som ser på kakan med förälskade och tindrande blickar. Det är festmat vi blir bjudna på – bara jag tänker på att få några tuggor jäst, ugnsbakat bröd så blir jag vild av hunger. Men jag vet att för alla lappar är det också god och sällsynt kost, och tveksamt frågar jag Gate:

– Men du själv då? Heikka har nog köpt hem den till dig och inte till mig?

Gate ler sitt vackra unga leende och skakar på huvudet.

– Men jag tänker att du längtar mera efter bagarbröd än jag. Jag har ätit lappkaka i all min dar, men du har aldrig gjort det förr, och fastän du ingenting vill låtsas om så tänker jag nog att du är led åt den kosten nu.

– Nej visst inte Gate. Jag tycker att det är lika gott nu som i början, men nog ska det bli härligt med mjukt bröd. Och russin är det i också. Du äter väl åtminstone ett mål hos mig innan du går?

Men Gate har inte tid nu. I morgon kommer hon tillbaka och då ska hon äta. Hon måste hem till Anni-Marja och Ristin och Heikka och ... Innan hon talat slut är hon utom kåtan.

– Hälsa Heikka! är det knappt jag hinner ropa innan hon glider in i skogen och till svar får jag ett: Kito! och ett skratt som klingar länge för öronen i den vidunderligt stilla och klara luften.

Den storm som Gate spådde har kommit och med den regn och kyla och råkall luft. I två dygn har den rasat nu, men ännu är den lika vild, ännu trummar regnet lika hårt mot duken som är otät på sina ställen och läcker så att vattendropparna plaskar mot kärlen i boasson. Jag blir sömnig där jag ligger på några fällar framför elden – skolan är slut för dagen och jag är för lat för att sy på kolten. Makar mig bara bättre undan för de envisa dropparna som känns så kalla när de silar nedför hals och nacke, lägger mig ännu bekvämare tillrätta på rygg och ser på molnen som far över räppen. Nyss drog ett sträck vildgäss norrut, och den trekant de bildade stod svart mot himlen, ramad i kåtastängernas taggiga silhuett. En riphane lockar och kuttrar nere i småskogen, och kanske var det en stare som tjittrade helt svagt bortifrån myren när stormen vilade ett ögonblick. Eller kanske var det inte en stare, ty då skulle väl våren vara kommen – våren, som dröjer och dröjer tills vi börjar tro att den visst aldrig ska bli; vintern är evig i år.

Gammel-Elle blåser in genom oksan så att gnistorna far kring kåtan och elden flammar upp. Utan ett ord sjunker hon ned på andra sidan härden, suckar bara lite och torkar av regndropparna som vätt hennes ansikte och händer. Den tandlösa munnen håller hon hårt hopknipen, ögonen far oroligt omkring och händerna plockar rastlöst i risgolvet. Ingenting säger hon, och ingenting säger jag, makar bara kaffekitteln närmare brasan och lägger mig åter på rygg med blicken på molnen och tankarna ingenstädes. Så svarta molnen är, det blir väl snö – där kommer ett sträck vildgäss igen — hör hur de skriker och snattrar. Och ändå blir det ingen vår, ingen sommar! Men det susar långt borta, det brusar och sjunger, det är inte vinden och jag känner inte igen ljudet, har inte uppfattat det förrän nu, fastän jag hört det hela dagen i mina öron. Den döda stillheten är inte längre så död, ripornas rop klingar inte längre så gälla och hädiska, och jag reser mig upp i stor förundran och lyssnar utåt.

– Vad är det som brusar, Elle?

– Älven – den har brutit upp i natt och fjället flyter.

– Då är det vår då, Elle!

– Ja, nu är det vår.

– Är du inte glad för det? Sen blir det ju sommar.

– Ja, sen blir det sommar. När fåglarna kommer blir det sommar.

Hennes röst är klanglös och mörk, hennes mun kniper ännu fastare samman och hennes ögon stirrar rätt in i elden som om de såg alla jordens somrar dra förbi därinne. Händerna stryker över pälsen och förklädet, och under näsan dallrar en klar liten droppe som får hänga där tills den faller av sig själv. Ansiktet är som dikat av hundrade rynkor, djupa, mörka rynkor som är svarta av många års samlat sot och smuts, håret hänger i toviga tofsar över öron och nacke, och mössan är dragen djupt ned i pannan.

– Hur gammal är du, Elle? Hur många somrar har du sett och levat?

– Vet inte, fråga prästen. Men det är allt bra många.

– Du var med innan kristendomen kom, tänker jag – när ni lappar ännu var hedningar och offrade åt era egna gudar.

– Kaffet kokar du! Nog var jag med då. Herra siunit, Ibmil siunit – det var onda tider. De mördade och dödade och stal och gjorde varann allt ont. Voi, voi!

– Mördade! Varandra eller främlingar? Jag har hört om två engelsmän, Elle. Två engelsmän, som...

– Di engelska, har du hört om dem. Jaja, jaja – ingen vet, och ingen kan säga och ingen har sett. Men tre män, som jag känner, tre män som såg dem sist, har dött en hastig och förskräcklig död, och pengarna de hade rövat rann bort ur deras händer, och deras barn är dårar och stackare. Och di engelska spökar nere vid Altevand, så di kan skrämma liv och förnuft ur levande människor.

– Nuppi kuhpi, Elle – en kopp till. Men hur vet man att de tre lapparna dödade engelsmännen?

– Man vet ingenting hör du. Ingen vet. Men de kom hem en morgon, och påvarna var fulla så päsken knappt räckte till.

– Ja – ja! säger jag, ty jag vet att "påven" är den stora barmfickan som männen bär innanför pälsen och där allting stoppas.

– Ja, och sen hade de i sina kåtor så mycket besynnerliga saker som ingen nånsin sett förr. Jag såg dem själv. Det var stora kisor av läder och klockor och kläder, herremanskläder och fina bössor — sånt som en lapp aldrig får se.

– Är det längesedan?

– Ja, länge sedan, länge sedan, jag var inte så gammal då. Voi, voi Herra siunit mon län pallan!

– Rädd, varför är du rädd nu?

– Farligt att tala, det är mörkt i kväll, himlen är svart och det blir storm till natten. Bi ja moreit dolli!

Lägg ved på elden! Jag gör som hon säger och kastar en knippa ris på glöden, tar pusten och blåser liv bland de bruna kvistarna. Elle har blivit så tyst, och vi sitter båda och ser hur en röd eldtunga slickar utefter riset, hur den breder ut sig till ett brett band som snor sig smidigt och mjukt och varmt. Och med ens springer alla de små björkknopparna ut. Det är som sagans torra stav som slår ut i blom, det är ett under som sker inför våra blickar, ett under som sker varje dag och varje stund, men som man ändå aldrig kan se sig mätt på. Det bruna riset ligger där dött och torrt som om aldrig blad och blomst vajat på dess smala stammar — och så med ens kommer en het röd eldslåga, likt en brännande sol, och de röda små knopparna springer ut, en efter en, lyser och doftar några ögonblick i späd, klargrön skönhet och skrumpnar åter, svartnar och dör i den alltför strålande solen.

Det mörknar till oväder, och stormen börjar brusa i de låga små björkarna utanför kåtan. Bortifrån skogen hör jag Ellekare komma släpande med ved och snart kommer ett fång med ris brakande genom dörren. Och efter kommer Ellekare, röd och varm och andtruten. Efter henne Nilsa, drängen i grannkåtan, och efter honom Marja. Kaffepannan på igen och pratet i gång medan regnet smattrar allt häftigare mot duken och dropparna fräser ned genom räppen i elden.

– Garra biegga! säger Nils och ruskar på sig – hård vind! Jag ska gå långt i natt och kommer inte igen mer i sommar. Hjorden är bortom Altevand nu.

– Altevand? frågar jag. Säg Nilsa, är det där engelsmännen spökar – är det där de mördades?

– Hur vet du det? Ja, nog är det där.

– Spökar det mycket?

– Somliga nätter. Ja, hon Elle har väl hört dem, säger han och nickar mot Elle som åter ser in i elden med skumma, gamla ögon och har sina tankar långt borta, dit vi är för unga för att nå.

– Gulla Elle! säger Ellekare och böjer sig fram mot henne. Hör Elle!

– Meite? Va? Elle kommer tillbaka till verkligheten och oss med en djup suck.

– Har du hört di engelska vid Altevand? frågar Ellekare med en röst som ljuder helt skrämd och låg i kåtans röda halvdunkel där bara elden lyser och värmer.

– Ja, svarar Elle motvilligt. Ja, jag hörde dem allt en natt. Men det är många år sedan nu. Jag och Tomma och Elle-Marja. Vi skulle gå från Norge över gränsen och tände elden i en skog på kvällen och spände upp våra rakkas och lade oss att sova när vi ätit. Det var på hösten och rätt mörkt och regnade gjorde det som nu. Elle-Marja och jag sov tillsammans, och på natten vaknade vi vid att luften var full av jämmer och klagan. Det ropade och skrek och grät, men språket var främmande – inte svenska och inte finska och inte lapska, och vi förstod intet. Men vi hörde på rösterna att det var män som bad för sina liv och vi hörde svartskor klappra mot stenarna, svartskor som sprang och halkade bland stenrosen. Elle-Marja tittade ut under rakkasen, men ingenting såg hon, vi bara hörde jämren och ropen och nöden, och aldrig har väl mänskliga stämmor kunnat bedja så. Voi, Herren Gud hjälpe deras fattiga själar! – Och Nilsa, det var ju bror din och Tomma som höll på att sticka ihjäl varann för di engelskas skull i höstas?

– Ja, säger Nilsa och skrattar. Det var Isak och Tomma.

– Hur var det, Nilsa?

– Jo, det var i höstas, Isak och Tomma kom från Norge med var sin raid lösrenar. De hade gått hela dagen och renarna var trötta, och fastän de visste att det var på spökstället måste de stanna för natten. Och så band de renarna och gjorde upp eld och åt. Allting var tyst och stilla men så mörkt att de ingenting såg utanför elden. Med ens brakade det till uppe bland stenrösena och en jämmer och veklagan bröt ut så det skalv i luften, svartskor klapprade mot stenarna, det gräts och bads, just som när Elle hörde det. Renarna stod bundna lite längre bort men de slet sig och rusade sin väg och Isak och Tomma blev som från vettet av förskräckelse. Rätt ut i mörkret sprang de, bara bort från stället, och ingen visste var den andre var. Om en stund blev det tyst igen och efter lång väntan tog Isak mod till sig och gick för att söka efter renarna. Han ropade på Tomma men fick intet svar, elden hade slocknat och mörkret låg så tungt som sorgen. Medan Isak går och söker efter härkarna börjar stjärnorna lysa, och med ens skymtar han Tomma bakom ett träd. Han går emot honom, men Tomma blir rädd och springer, Isak efter för han vill be honom om hjälp med härkarna. Och de springer och springer, Tomma före och Isak efter. Tomma tror att Isak är ett spöke, och Isak vill visa honom att det bara är han och ingen annan. Till slut blir Tomma så trött att han knappt orkar röra sig, och stannar på andra sidan om en stor buske. Då stannar Isak också och säger: det är ju bara jag, Tomma. Ho, säger Tomma, kommihos (spöke) är du, som tar Isaks röst. Då går Isak närmare för att han riktigt ska kunna känna och ta i honom, men Tomma är så vettskrämd att han börjar springa igen runt busken. Och runt, runt springer de tills Tomma faller över en trädrot och Isak över honom. Och Tomma drar sin kniv och är nära att stöta den i Isak – ty stål kan inte kommihos tåla, då flyr de. Men Isak får tag i hans hand och ropar: Tomma, Tomma, det är jag och inte kommihos – du känner väl att det är kött och blod du tar i. Och Tomma nöp honom så att Isak nästan måste skrika, innan han trodde att det var en människa.

– Och sedan då?

– Ja, sedan fångade de härkarna, när dagen kom, men ingen makt kan få dem dit mera. Och jag är rädd nu att gå dit.

– Ska du gå den vägen i natt?

– Ja, just samma. Men om jag också är så trött att benen viker sig under mig så ska jag släpa mig fram på knäna tills jag är över det stället. Hyvästi!

Han reser sig upp för att gå, lägger lasson fastare om axlarna och trycker mössan ned över öronen så att tofsen står rätt upp. Så slår han oksan åt sidan, och i samma ögonblick viner en kastvind rätt in i kåtan, virvlar gnistorna högt uppåt räppen och kommer röken att slå ned tjock och grå så att vi knappt kan urskilja varann genom töcknet.

– Herra siunit, garra biegga! muttrar Elle och kryper närmare elden. Ellekare slänger på mera ved och en stund sitter vi alla tysta. Tills jag frågar:

– Är de döda, alla de tre som hade sin hand med i mordet?

– Ja, döda alla, svarar Elle. Och en hemsk död fick de. Den siste dog för två år sedan. Han låg i säng i ett pörte och man fann honom en morgon död. Han låg i blod. Som en tvättbalja är full med vatten, så var hans säng full med blod, och hans mun stod öppen till ett skrik, och hans ansikte bar alla helvetets fasor. En otrogens död och en stor syndares död.

En vindil sveper kring kåtan så att den knakar, och snöregnet vräker ned. Elles ansikte är fullt av grämelse och ve, och hennes tandlösa mun rör sig upp och ned som om den tuggade på ord som aldrig blir sagda. Marja och Ellekare ser ut som om de väntade på att få höra de döda engelsmännens jämmer och klagan utanför, själv kryper jag ihop i en smygande ångest – men på elden springer de små knopparna ut till lysande gröna blad, och de röda flammorna stiger mot räppen.

Så kom då våren äntligen! Stormen förde den med sig. Efter fyra dygn drog den bort och då lämnade den våren kvar. Inte en vår som kommer långsamt med blå skymningskvällar och sakta framsmygande växtlighet, inte en vår med milda vindar och ljumma regn, inte en vår med blåsippsknoppar och tussilagos guld över markerna. Men den arktiska våren. Och den består bara av vattenflöden, det ena vildare och mer brusande än det andra. Hela fjället smälte och vår stackars lilla kåta, som stod vid dess fot höll på att alldeles följa med i den syndaflod som vällde fram. En morgon vaknade vi av att vi likt Moses på Nilen flöt i vatten – riset skvalpade och gungade, fållarna var genomvåta, och själva hade vi hunnit bli bra nog fuktiga innan vi fick sömnen ur ögonen och kunde begripa vad det var som egentligen stod på. Då blev det fart på oss och vi kom i skorna fortare än någon kan ana och for ut för att se på eländet. En älv i miniatyr brusade utanför kåtan, den hade sprungit upp under natten och var så stor att vi genast insåg det omöjliga i att leda den i en annan riktning. För övrigt var allt redan så genomvått inne och ute att det blev bäst att flytta. Och det gjorde vi också ögonblickligen, så fort vi sökt ut en torr och lämplig plats. Man har i alla fall vissa fördelar som inte civilisationen kan bjuda på när man bor så där ute i vildmarken. Blir man ledsen åt den plats man bor på, eller tycker man att den inte är riktigt lämplig, vill man ha bättre utsikt eller närmare till veden så flyttar man bara. Tar hela sitt hus på ryggen och ger sig av till ett bättre ställe – det är så enkelt och behagligt. Som Ellekare och jag nu! Vi kliver upp på vår besynnerliga lilla stege, löser kåtadukens band och låter den falla. Sen tar vi ned stommen och knogar i väg med den ett stycke bort och tar itu med att slå upp vårt hem på en ny plats. När barnen strax därpå kommer för att börja skolan finner de platsen tom och öde, så när som på lite husgeråd, men de blir inte ett smul förvånade för det. Sånt händer var dag – ibland när de kommer hem på middagarna får de gå länge och söka innan de hittar reda på var kåtan är därför att den av någon anledning blivit flyttad till en annan plats, vanligen för att veden tagit slut. Utan särskilda order tar de därför genast allt vad de kan bära med sig och söker upp Ellekare och mig som arbetar av alla krafter för att få kåtaduken väl spänd. Isak blir vår frälserman i detta svåra arbete, de andra skickas ut för att hugga golvris och det dröjer inte länge förrän allting är färdigt och fint igen. På golvet ligger tjockt med nyhugget vårrött björkris som doftar så att man nästan vill spränga lungorna för att kunna andas in länge nog, allt står prydligt och ordentligt uppradat, och på elden kokar redan kaffepannan. Det blir förplägning över lag i dag innan skolan börjar och kaffet förtärs under den mest kordiala och muntra stämning.

– Nu är det snart sommar, säger lille Nils Tomma och ser trohjärtat på mig med klara bruna ögon.

– Ja det är det! svarar jag, men är inte så säker som han på att det blir snart.

– Det är mycke vatten som ska bort först! säger Lasse med den erfarnes pondus. Det dröjer nog ännu innan det blir grönsommar, En vecka kanske.

Åja det dröjer nog länge till grönsommarn! En vecka gar och ännu brusar bäckarna lika grå och vilda, men regnar gör det inte, och så småningom börjar vattenflödet att avta. Och när första veckan i juli har gått, ser det ut som om björkknopparna så sakta ska svälla, men sakta så man blir vild av iver att det ska gå lite fortare. Men sommaren kommer närmare, det känns på luften, som är mild och ljum, det syns på marken, som får en ljus liten skiftning i grönt. Och en natt vaknar vi båda vid ett ovant ljud, ett förunderligt blitt och härligt ljud, som kommer oss att alldeles tysta se på varann och le. Är det sant, är det möjligt? Var det en bofink eller var det en dröm! Ånej, nu sjunger han en gång till – en lång drillande ton som stiger och sjunker i oresonlig, stormande glädje. Långt borta får han en om liten melodi till svar, men innan han hinner börja sången på nytt stämmer en annan röst in. En rödhakesångare är det, och med smältande ljuvhet flöjtar han en lång, låg genomträngande kärleksvisa. Gång på gång, gång på gång, som om han vore berusad av sina egna toners välljud. Till slut blir bofinken alldeles ifrån sig och klämmer i så att han kan spränga sig för att överrösta den andre, men rödhakesångaren fortsätter att sjunga, en stare visslar skarpt och gällt och andra stämmor, som vi ej känner, stämmer in i konserten. Solen lyser och den lilla flik av himlen som syns över räppen är blekblå, mot den ser jag en björkkrona vaja, och knopparna är stora och bristfärdiga.

– Tänk nu har fåglarna kommit! säger Ellekare och hennes röst är full av jubel. I dag ska vi ta på oss vår finaste stass, vi får inte vara fult klädda i dag. Inte på fåglarnas första dag.

Och med det somnar hon igen och drömmer om sina pärlband och sin nya kolt, och jag ser hur hon ler i sömnen. Ett sånt litet barn hon är trots sina tjugofyra år – utsikten av en dag i stass kommer henne att le till och med i sömnen.

Hon gjorde sig sannerligen fin också, och jag måste minsann ta på mig den nya kolten för att göra henne till lags. Förresten var det roligt att gå i vackra kläder när fåglarna sjöng så att man kunde tro sig vara i himlen, när solen sken så det brände i ansiktet, och det doftade i den röda björkskogen så att man blev yr i huvudet.

Nästa morgon när vi trädde ut ur kåtan hade ett under skett – hela skogen stod grön — skälvande, lysande grön och alla knoppar hade öppnat sig. Det var inte längre de små bladen som sprungit ut när eldsflammorna brände dem, det var mjuka, stora, hjärtformiga blad som ännu var klibbiga av kåda, och som sände ut en vällukt så berusande att den förtog alla andra sinnen. Och i den skogen byggde fåglarna bo, sjöng de, kvittrade de – å, det var livet självt som kom till oss, som tog sin boning hos oss i vildmarken!

På några dagar blev marken grön och mjuk att trampa på, ett par av kvinnorna vandrade ned till fiskekåtan där Ellekare och jag hade rastat på vår ensamma färd – där var lägrets getter inhysta under vintern, och nu när sommarn var kommen skulle de hämtas hem. Det var en stor dag när de anlände – vart och ett hushåll hade en eller två eller flera, alltefter förmögenhet och behov. Jag hade bara en, men det var en underbar get, klok och elak och mjölkrik och full av tusen fukter. Men vi älskade henne ändå, Ellekare och jag, och den första dagen hon förljuvade vårt hushåll ska sent gå ur mitt minne. Den första dagen med riktig mjölk i kaffet! När man inte fått annat än torkad sur renmjölk i månader, möjligen ibland vid högtidliga tillfällen upphjälpt med lite sliddrig ost skuren i tjocka skivor som långsamt löste sig till deg i kaffet, så kändes det som nektar att hälla koppen halv med kokt getmjölk först och sen kaffe på det. Det kan hända att en människa van vid grädde skulle rynka på näsan åt den fräna getsmaken och inte alls tycka att det var gott, men för oss var det en njutning så fullkomlig att den inte kan beskrivas. Och så mycket kaffe som det dracks den första getdagen i lägret det kan nog ingen räkna. Jag vet att jag stannade vid trettiotvå koppar, men Ellekare drack gladeligen på till uppemot fyrtio. Och det fanns de som nog inte bävade tillbaka för femtio.

Men det var tyvärr inte bara getter som sommarens ankomst förde med sig, det var något annat också, som inte kom oss att dra efter andan av hänryckning. Ett par dagar efter lövsprickningen kom det – ljudet av det blandade sig med fåglarnas sång och vi hörde det som om telegraftrådar löpt utanför vår kåta och sjungit en lång entonig melodi utan slut och utan början. Det var myggen, det var helvetet, det var nästan döden. Inne var det lugnt och uthärdligt nog, elden och röken höll kåtan fri – men ute! Stack man huvudet utom oksan blev mössans strålande färger på ett ögonblick fördunklade till en grå, krälande, stickande massa – räckte man ut armen blev det blå tyget grått av myllrande kräk, och gick man ut, aldrig så väl insmord med stinkande beckolj a, så kändes det som om alla jordens knappnålar stuckits in i ens kropp. Läderdamaskerna över benen skyddade åtminstone dem fullkomligt, men genom den tunna sommarkolten gled sugrören in lika lätt som en hand sjunker i ejderdun, och under bröstduken på hals och nacke kunde man döda hundratals mygg med en strykning. Drog man med handen över armen välte hela det grå myllret med som degiga, fuktiga rullar, men sekunden efter var där lika många nya blodtörstiga krabater, som sög sig röda och stinna av ens blod för att därpå flyga till en lugn vrå och smälta rovet eller dö av vällevnaden. Värst var det om nätterna, när elden var släckt och ingen rök jagade bort dem. Då kom de genom räppen så att man såg himlen som genom ett moln, och hade vi inte legat i våra rakkas, hade morgonsolen säkert endast funnit våra lik – om den kunnat se något för ett grått myggtäcke.

Ibland under särskilt svåra myggsomrar händer det att renkalvar och getter dödas av myggen och för att förhindra detta tänds eldar som dämpas med fuktig mossa, så röken bolmar tjock och tung. Myggen skyr rök som människan skyr pesten, och det är lustigt att se hur getter och renar samlas kring elden så fort den tänds. De skockar sig runt om, lägger sig, rullar sig, går så nära att det osar bränt om deras pälsar, allt under det att de tuggar och idisslar med den mest outsägligt förnöjda uppsyn.

När det nu är så varmt håller jag gärna skolan ute, det blir inte så trångt med utrymmet då och det går lättare att placera de olika avdelningarna skilda från varann, vilket är en stor lättnad för den som undervisar. Vi sitter då runt en präktig rökeld och känner inte mycket av myggen, som sjunger och surrar av ursinne att inte kunna nå oss. Ofta kommer det så många getter löpande att jag ibland knappt vet om det är getter eller barn jag har att undervisa, men det tjänar ingenting till att köra bort dem, ögonblicket därpå är de tillbaka igen, sturigt blängande med sina envetna ögon. Och de gör ingen förtret heller, ligger så stilla och lugna, barnen ser inte åt dem, och snart tänker inte jag heller på den underliga tavla ur skolsynpunkt, som vi måste utgöra: den stora rykande elden, de framåtböjda, ivriga barnungarna som skriver eller läser, de idisslande getterna. Och till bakgrund höga vittoppiga fjäll och en svart liten sjö som speglar de gröna stränderna och björkarnas duniga buketter. Sommaren är redan i sin fullaste fägring – det går fort när det en gång börjar – små bleka blommor slår ut på gräsplanerna, porsen kastar ut kaskader av stormande dofter, vildgäss och lommar häckar i vassen nere vid sjön, småfåglarna bygger som om deras liv hängde på att de ska bli färdiga fort nog. Det är så bråttom överallt, så rastlöst, så utan vila. Solen skiner dygnet runt, alla nätter är lika tröttande vita, alla dofter lika starka och tunga.

Ibland kommer det regn, men det går över på några timmar, sen är solen framme igen och skrattar mot alla våta glänsande blad och gräs. Men en gång får vi regn en hel vecka. Det regnar och regnar som om himlen vore öppen, vi eldar så att vi nästan steker oss levande för att hålla kåtaduken bara något så när torr, men det hjälper inte. Vi har fått en gammal duk i skolkåtan och den läcker som ett såll. Det iskalla regnvattnet känns dubbelt kallt när det kommer kilande i små floder utför hals och rygg, och man får ha goda nerver för att låta bli att stöna till när en sån där kaskad slår ned över en. Om nätterna är det värst – rakkas är

135

bra för mygg, men de håller inte tätt länge för regn, och fastän vi täcker dem med filtar och fällar så händer det ändå att vi vaknar många gånger var natt av att en liten ström rinner över ansiktet eller halsen. Då måste vi upp och täta men det dröjer inte förrän det läcker in någon annanstans, och när morgonen äntligen kommer känns det skönt att kura ihop sig framför elden och få lite värme i kroppen och torra kläder på. Fastän dagarna är så varma och tunga av solhetta är nätterna ohyggligt kalla, och det kan gott hända att man fryser under de tjocka fällarna så att tänderna skallrar när gryningskölden smyger sig över en.

Under den regniga veckan fick min get en ovana som sedan inga mänskliga makter kunde få ur hennes huvud. Ett ovanligt sällskapligt djur var hon, och när vi försvann från elden därute så länge det fula vädret varade ansåg hon det som sin absoluta rättighet att också dra sig in åt mera skyddade trakter. Varför hon en dag knuffar upp oksan med hornen och träder in. Det var under kristendomslektionen och eftersom jag inte tyckte att det var passande att hon åhörde densamma så beslöts det att hon skulle ut. Ensam kunde jag på inga villkor rubba henne, men med barnens hjälp gick det slutligen – jag drog i hornen och de sköt på av alla krafter, hon spärrade emot i det längsta men måste vika för övermakten. Just som vi satt oss tillrätta igen, ännu varma och flåsande efter arbetet, så stod hon där åter, stirrade fräckt och föraktfullt på oss och tog med den lugnaste min i världen en skinnpärmad bok som låg inom räckhåll och tycktes finna den utomordentligt matnyttig. Min lilla hundvalp, Tsappe, som ansåg att detta i någon mån inkräktade på hans rättigheter rusade bjäfsande fram, vilket förskaffade honom en så välriktad stöt med hornen att han höll på att fara ut genom räppen. Det ynkliga och förskrämda tjut han uppgav när han hamnade i elden gjorde mig ursinnig, och med min mjuka, höstoppade pjäxa gav jag gitsegaitsa – lapparnas smeknamn på getterna – en ordentlig spark och röt åt henne att gå ut. Vilket resulterade i att hon med en obeskrivlig gest vände ryggen åt mig och under en timme envist stirrade in i väggen, då och då med en förargad viftning på sin lilla retsamma svans. Hon fick vara till slut, hon inrangerades bland det övriga hushållet – en get eller två i en lappkåta är en så vanlig företeelse att ingen tänker på det ens. Det betydde bara att mitt lapska hushåll blev mer och mer välordnat, och det var inte utan att geten gav en viss hemtrevnad åt vårt hem. Jag tyckte till slut att det var rätt behagligt att ha hennes raggiga huvud på min fot när elden brann om kvällarna, pratet surrade och kaffepannan puttrade. Det var nästan en sorts förströelse att höra hennes belåtna tuggande, medan Tsappe låg som ett litet mjukt nystan i mitt knä och regnet smattrade mot duken.

En dag när solen åter sken från en alldeles molnfri himmel klättrade jag upp i luovvin för att inspektera matförrådet, och i en hittills oöppnad matkista fann jag en liten grå gummiboll som jag tagit med som leksak åt barnen, men sedan glömt bort fullständigt. Nu plockade jag fram den och undrade för mig själv om den skulle kunna bli till något nöje – men jag hade verkligen inte behövt hysa några tvivel om den saken. Ty aldrig har väl en boll i hela kristenheten väckt en sådan uppståndelse och en så stormande förtjusning. Det var den första boll som någonsin funnits i byn, den första boll någon skådat, och den blev en källa till aldrig sinande förundran både hos gamla och unga. I början klämde de på den, nöp i den, luktade på den och försökte trycka den platt mellan händerna. Sedan kastade de den upp i luften och tog den igen – den första som kom på den idén att slå den

137

mot marken blev blek av förskräckelse när den kom hoppande tillbaka mot honom och vågade inte röra den på en lång stund, bara betraktade den med misstänksamma ögon. Så tog han fatt på den igen under de andras skratt, kastade den mot marken på nytt och vaktade hur den studsade, men grep den inte, plockade bara upp den igen och slog den mot risgolvet. Den gången tog han fatt den, och sedan höll han på i oändlighet att studsa och ta – tills någon annan högg den i farten och prövade sin lycka. De skrattade så att de fick tårar i ögonen åt den besynnerliga tingesten och kunde inte leka sig mätta. Gamla gubbar kunde komma gående till min kåta, sitta ett par timmar, dricka kaffe och prata, för att till slut klämma fram med sitt ärende: om de kunde få se på "det runda".

Barnen älskade bollen och läste läxorna extra flitigt bara för att få leka med den under rasterna – jag fann det nämligen med klokheten överensstämmande att som ett orubbligt villkor för bollens utlämnande stipulera att alla skulle kunna sina läxor flytande och sitta uppmärksamma under lektionerna. Och när därför någon latmask svävar på målet vid läxuppläsningen, ser de andra så ängsliga ut, som om deras salighet hängde på hur utgången skulle bli och försöker hjälpa den olycklige på traven med tecken och viskningar. Men sådant är naturligtvis strängeligen förbjudet, och när jag med allvarligt ogillande betraktar den skyldige, rodnar han och ser ned. Låter jag blicken alltjämt dystert vila på honom, sätter han snabbt händerna för ansiktet och tittar förskräckt på mig genom de utspretade fingrarna, och jag försäkrar att det fordras nästan övermänskliga krafter för att inte mista hela värdigheten och brista i skratt. Den late förpassas som vanligt till skamvrån med sin bok, tårarna flödar i smyg och läxan läses på med bruten röst. De andra som ser sin dröm om en "bollrast" gå upp i rök, suckar så en sten kunde bli rörd, men jag anser det nödvändigt att vara omedgörlig – bollen vilar till nästa dag.

Men när rasten kommer så är sorgen glömd igen och glädjen är lika hel — nästan. Tårarna torkar snabbare än daggen för morgonvinden och det är som om den vilda stormen själv brusade fram utanför kåtan. Lappbarn har egentligen inte mer än två sorters lekar – de har inte så många tusen att välja på som andra barn – men dessa två lekar tröttnar de ändå aldrig på, och de kan leka dem så länge dagen varar med hundrade variationer och samma skrattande glädje. Och vad skulle väl deras lekar röra sig om – om inte kring renarna och hjorden, om inte kring det fruktade spöket Stallo och dess härjningar. Ellostallat – renhjordsleken, densamma som Inker och Pirhanne helt stillsamt brukade låta gå av stapeln i kåtan på flyttningen – är något outsägligt intressant, och gamla renhorn utgör här den förnämsta rekvisitan. De föreställer naturligtvis renar och binds efter varandra i raider, ställs samman till stora hjordar, släpps i rengården och vaktas på fjällen. Där susar lasson så det viner i luften, och gossarnas kast står minsann inte de gamlas stort efter i träffsäkerhet. Där ryts det åt hundarna och skjuts efter vargarna, oxrenar körs in och vajor mjölkas, kalvar märks och slaktas. Och sannerligen är det inte ett liv och ett stim så den riktiga hjorden och dess väktare nästan försvinner till dimfigurer vid jämförelsen.

Gunkastallat – det är spökleken – den går så det knakar i ungskogen, och skratten klingar mellan fjällväggarna. Den äldsta är då spöket som skrämmer de andra och vill ta dem – och de andra är så rädda att de springer åt alla himlens väderstreck bara gunka visar sig bakom en buske. Ett sådant larm är det att jag ibland knappt tycker att det är lönt att ens försöka göra min röst hörd när rasten är slut och lektionen ska börja, men besynnerligt nog hör de mig alltid och så fort mitt rop: "botet sisa!" – kom in! – ljuder, stillnar det med ens, blir det tyst som om allesammans plötsligt sjunkit genom jorden. Så hörs tramp av många små fötter och de kommer yrande, ivriga att ta fatt på nytt.

Har bollen varit i farten är ivern kanske inte fullt så påtaglig när det gäller ny lektion, men de kommer ändå lydigt och snabbt med ansikten som hastigt blir allvarliga och lite fundersamma vid tanken på den läxa som måste fiskas upp ur medvetandets mörka och förvirrade djup. Tänk om den inte gick som den skulle – då riskerades bollen till nästa rast. Å, den bollen! Jag kan inte räkna upp hur många anbud jag haft på den av hugade spekulanter men nästan varenda en av mina elever har gjort sina små försök. Lars Petter t ex:

– Du lärarinna, vill du byta med min nya kniv och bollen!

– Neej, ni ska ha den allesammans och inte bara en av er.

Dyster tystnad och ljudlöst försvinnande ur kåtan.

Eller Nils Tomma:

– Du, jag ska köra geten din i gammen (kåta av torv, där getterna hyses in om natten) varje kväll hela sommaren. Vill du inte ge mig bollen då?

Avslås milt, men bestämt, och lilla kerub milda Nils-Tomma suckar tungt. Även Nilsas erbjudande att hålla hushållet med vatten till terminens slut måste jag med smärta avslå – sådana förslag är frestande och jag ser på Ellekares min att hon tycker att jag är bra dum som inte antar. Det svåraste blir i alla fall när Isak en dag kommer.

– Du lärarinna! Om jag hugger femti björkar och bär dem fram till din kåta — vill du ge mig bollen då?

Femtio björkar för en liten boll! Då rörs mitt hjärta, och jag ser milt på honom. Och inom mig önskar jag att jag hade ett obegränsat antal bollar i min packning så att jag kunde ge alla barnen varsin. Men tyvärr har jag ju bara en enda. De femtio björkarna vajar för min inre syn, och jag ser på Ellekare att hennes hjärta hänger vid mina läppar. Men när hon märker att jag tänker svara och – avslå, skriker hon till med ivrig röst:

– Vänta, vänta! Säg ingenting ännu. Svara honom i morgon.

– Varför det? Jag kan väl inte svara annorlunda då?

– Jo, men då har du hunnit tänka efter riktigt.

– Jag väntar tills i morgon, säger Isak. Och går.

Hela kvällen använder Ellekare sedan åt att låta sin vältalighets ström flöda över mig. Tänk, femtio björkar! Det var ved för hela vår återstående vistelse i lägret. Så mycket tid som på det sättet skulle bli över till tvätt och syning och stickning, så mycket mer jag skulle få gjort om Ellekare slapp allt arbetet med vedhuggningen. Och så nyttigt för Isak att få arbeta – han som var så lat. Men ingenting blev avgjort den kvällen, och på morgonen löstes problemet av sig självt. Ty bollen var borta, förintad. En kringstrykande hund hade ätit upp den under natten. Han trodde det var mat. Och över den sista ratade biten, som låg kvar utanför kåtan, fuktades Isaks och de andras ögon, och Ellekares femtio björkar försvann i det blå.

Samma sorgedags afton, just som Ellekare mjölkat geten och gått med den till gammen kommer Isak inklivande och med honom hans yngre bror Jona. Båda är så vanliga gäster i min kåta att jag inte ens ser upp från mitt arbete, jag nickar bara och fortsätter att sy på min mössa. Isak sitter alldeles tyst för ovanlighetens skull, han brukar annars inte ha långt efter orden, och detsamma gör Jona, och till slut måste jag titta upp för att se vad de ha för sig eller om något särskilt står på. Då märker jag att deras ansikten är upphetsade, och att något är på färde som tydligen har upprört deras sinnen.

– Mija lä? säger jag. Vad är det?

Men Isak skruvar på sig och vill inte riktigt ut med språket, fast jag ser att han brinner av begär att tala. I samma ögonblick kommer Sanna och Marge in, och samtalet blir så livligt en stund att jag alldeles glömmer av Isak och hans nyheter.

Tills det blir några minuters tystnad medan jag provar mössan – då kommer jag ihåg att fråga honom på nytt. Med samma resultat. Men då häver Jona upp sin gälla röst och säger:

– Han säger att han har sett uldats hjord!

Sanna och Marge sätter ett par stora frågande ögon i honom och själv känner jag mig som ett enda stort frågetecken. Att uldat finns det vet jag, och att de bor under jorden vet jag, och att de förmår allt, både gott och ont, det vet jag också, och att de alldeles ser ut och är som lappar när de någon gång visar sig över jorden. Men att de har hjordar det visste jag inte.

Och därför väntar jag med spänt intresse på Isaks berättelse.

– Var såg du den? frågar Marge med vass röst och ogillande min. Ty uldat är troll, och en kristen talar inte om troll, det har predikanterna sagt.

Och de har också sagt att uldat inte finns, men se det vet de nog kanske inte riktigt ändå, för det man ser det finns allt! Att tala om dem ska man i alla fall inte göra, det för olycka med sig och är synd. Men när nu Isak en gång har börjat så får man väl lov att höra hur det var. Var såg du den? frågar alltså Marge.

– Nere vid sjön, svarar Isak. En stor hjord med stora, vita renar och många hundar. Men ingen skällde, och det var så tyst som om de döda vandrat fram. Två män vaktade och en väldig hjord var det. Och vita var alla djuren.

– Det är alltid vita djur i uldats hjord! säger Sanna. Kastade du inte stål?

– Jag hade min kniv i handen, men det var för långt håll. Jag kunde inte nå fram med kastet om jag också hade försökt.

– Varför skulle han kasta stål? frågar jag.

– För att då hade hela hjorden blivit hans. Om det så bara hade varit en synål han kastat över den, så hade djuren blivit jordiska, och han hade blivit den rikaste lapp som finns.

– Har det hänt någon gång?

– Ja, många gånger. Inte så ofta nuförtiden, för uldat har blivit skrämda av kristenheten, men förr hände det inte så sällan. Det betyder mycken lycka for den som får en sådan hjord, men barnen hans dör i stort elände.

Det är Sanna som förklarar saken för mig och hela tiden har hennes röst en mystisk, rädd klang och orden kommer motvilligt, som om det vore fara med att uttala dem. Det blir tyst en stund igen och alla sitter i sina egna tankar – Marge tuggar ivrigt på sin sentråd. Sanna väver med snabba handslag på sin bandväv, och Isak drömmer om den rikedom, som gått honom förbi så nyss. Själv syr jag vidare på min mössa och Jona kliar sig frånvarande i huvudet. Men kaffet är färdigt, och det löser tungornas band på nytt.

– Kan uldat göra en människa illa? frågar jag, när Sanna och Marge hunnit till påtåren. Båda nickar allvarligt.

– Om du inte har stål på dig, säger Isak, som känner sig vara kvällens hjälte och gärna vill ha ett ord med i laget.

– Det finns både goda och onda uldat, berättar Marge. Det finns de som rövar bort små barn och behåller dem hos sig till

143

tid och evighet. Och ibland byter de bort dem mot sina egna, och det är inga barn som en människa blir glad att få. Därför ska man alltid ha silver med märke på om deras hals eller på deras kläder. Då kan uldat ingenting förmå, då är de maktlösa.

– Har något barn här i sidan blivit bortbytt?

– Ja, det har det allt, men det var länge sen nu.

– Men förra sommarn i min sida blev en liten pojke rövad, faller Ellekare in – hon har kommit tillbaka under tiden vi pratat och med henne Marja. Och det var ändå minsta gossen hos dem som jag tjänade hos. En eftermiddag gick han ensam uppåt skogen – han var nära fem år så han kunde gå själv och brukade ofta springa sina egna vägar utan att någon tänkte på det. Han hade silverknappar i bältet, så det var ingen fara för de underjordiska. Men på något vis hade han fått av sig bältet och kniven också förstås, för vi hittade det sedan på en buske. Och borta var pojken! Inte kom han hem, och hela sidan var ute i skogen och sökte. Skogen var inte större än här, så inte var det möjligt att han kunde ha kommit bort i den. I tre dagar och nätter sökte vi, och mor hans höll på att gå från vettet. Men så en dag när jag ska gå och hugga ved så sitter pojken där på en sten som om han aldrig i världen hade varit hemifrån. Jag skrek till och sprang fram till honom och bar hem honom, för jag vågade inte släppa ned honom på marken, vem vet om inte någon kunde ha tagit honom igen. Inte ett ord sa han på många dar efter det, men annars var han sig lik, åt och drack och sov. Men talade gjorde han inte och skrattade inte, och aldrig fick någon veta var han varit eller gjort på de tre dagarna han var borta.

Återigen blir det tyst och stämningen får spökhistoriernas rädda förstämdhet. Jag kommer att tänka på något egendomligt som hänt mig samma dag och berättar det:

– Kan ni tänka er, säger jag, att strax när skolan var slut, så hörde jag alldeles tydligt kyrkklockor ringa. Ligger vinden från något håll så det är möjligt att man kan höra några klockor ända hitut i ödemarken?

Och jag ler lite när jag tänker på hur underligt det lät när klangen av avlägsna klockor trängde till mig och hur omöjligt det är att jag verkligen ska ha kunna höra det. Men de andra ler inte – Marge har blivit alldeles blek och Sanna stirrar på mig med förfärade, vidöppna ögon.

– Är du säker på att du hörde? frågar hon viskande, och när jag upprepar min berättelse skakar hon på huvudet.

– Då dör du innan året är slut! förklarar hon, lugnt och uppmuntrande.

Det blir tyst igen. Jag känner att jag stelnar till i en sorts skrämsel som är ofattbart stark – jag försöker skratta men det går inte. De ser på mig alla, som om jag redan vore märkt av den store mej aren, och jag känner det ett ögonblick själv som om ingen återvändo är möjlig, ingen undanflykt finns.

– Kanske kunde det vara myggen du hörde, lärarinna! hör jag Marja säga helt stilla och tröstande.

Men jag skakar på huvudet, ty jag vet att det inte var myggen. Dem hör man ju inte mer, de är ett med tystnaden, deras sång har inga klockors klang.

– Det är bra att dö ung, viskar Marge, och jag förstår att hon menar det till tröst. Men det är klen tröst och jag känner mig inte något nämnvärt gladare, ser bara in i elden och undrar för mig själv vad jag ska dö av. Med ett gör Sanna en ivrig rörelse och ropar:

– Du, från vilket håll hörde du det?

– Från norr.

145

– Från norr. Då är det inte du, som ska dö, det är inte du som ska dö! Det är någon nära dig, men det är inte du. Från söder hade varit du, men nu är det inte du, lärarinna. Du får leva länge. Det är någon nära dig, som dör, någon hemma hos dig i ditt land.

– Vem tror du?

– Vet inte, men det blir innan året är slut. Det blir snart när det är norrifrån. Herra siunit, Ibmil siunit! Voi, voi!!! Du får gråta!

Jag känner tårarna nära redan nu och tar en kopp kaffe till för att få något att göra så jag kan vända bort ansiktet. Men inom mig undrar jag: Vem? Vem blir det? Vem dör "hemma i mitt land"? Ty så stark är dessa människors tro och tillit till det övernaturliga att det strömmar över till främlingen, att det strömmar över till mig så att jag i dagar går och tänker på och förbereder mig på det bud jag snart ska få.

Och jag får det! Inte fullt tre veckor efter det jag undfått profetian så kommer dess uppfyllelse. Och jag känner ingen förvåning. Jag har vetat det. Kyrkklockornas klämtande ute från öde slätter hade berättat det för mig för länge sedan.

Solen har gått ned bakom den skarpa, vita fjällkammen långt borta, björkarnas späda grönska doftar – doftar så den rosenröda luften vaggar av vällukt, och ned mot sjön drar en flock skriande vildgäss. Vattnet är svart och blankt mellan strändernas brungula ram, och en smal, högstammad båt glider stilla över dess yta, medan nät efter nät sakta faller mot djupet. Av pojken som ror och flickan som lägger ut syns bara ett par orediga konturer över båtens kant, ibland hörs deras röster — unga och milda, och en gång ett skratt, som klingar länge i tystnaden. En get bräker, utdraget och bedrövat i längtan efter gammen, hans klocka pinglar ett par sorgsna slag och långt borta svarar en annan. Det skymmer, det skumnar mer och mer, röken går rätt upp ur kåtornas räppen, och några bleka små sommarstjärnor tindrar i väster. Sjön blir allt svartare, snart ser man inte båten längre, och inne under björkarna ligger dunklet tätt.

Det är tid att gå hemåt – Gud vet hur länge jag stått här med yxan i handen och foten på trädet jag fällt. Det är tid att lägga björken på axeln och dra den hem, så det blir brasa till kvällen. Ellekare är borta, jag vet inte var, och jag ska själv stå för veden i dag. Men tids nog kommer jag väl hem – ingen väntar mig, ingen frågar mig: var har du varit? Vad har du gjort så länge och så sent? Ingen säger: varför har du varit så länge borta efter den veden, kunde du inte ha skyndat dig lite mer? Ditt hem står ju för öppna dörrar, bara en liten hundvalp sitter där och vaktar, och alla jordens rövare hade kunnat komma in och stjäla din mat och dina kläder. Vårdslös är du och slarvig är du! Nej, ingen finns som kan säga allt det där, och jag står stilla, rör mig inte ett steg, småler bara när jag tänker på den lilla svarta ullhunden, som ska vakta för tjuvar och ogärningsmän. Yxan håller jag alltjämt i handen. Dunklet faller tyngre och den varma luften skälver i skymningens blå dager.

En loms skrik skär genom luften, klagande och skrämt som ett barns i ångest, det rasslar i ungskogen, grenar vaggar, kvistar knäcks, och mjuka, tassande steg närmar sig. Det kan vara Pan själv som kommer från de gröna planerna därinne, det kan vara en lufsande björn, det kan vara vad som helst ur vildmarkens djupa gömmor. Men det är bara en liten böjd, skrumpen lappgumma, framåtlutad och flämtande under en väldig börda. Som en sagornas trollpacka ser hon ut där hon träder fram ur skogens vilda snår, i ryggsäcken har hon den guldhårade lilla prinsessan med krona och mantel, och med den långa staven kan hon förgöra och trolla och sätta ont på allt kristet blod. Hennes ansikte är brunt och fårat, hennes grå hår hänger i långa orediga testar över öron, panna och nacke, sticker fram som en tovig krans under den gamla, urblekta toppmössan. Ögonen blänker små och stickande djupt inne under pannans valv, och munnen är hopsjunken och tandlös, så näsa och haka nästan möts. Jag står och ser på henne, så jag glömmer att hälsa, glömmer att jag känner henne, glömmer allting, utom att hon är en liten trollgumma mitt ute i vildmarkens oändliga ödslighet, en liten ful hemsk häxa med en prinsessa i laukon och en trollstav i handen. Tills jag hör hennes röst, mjuk och vänlig, hälsa:

– Boris, boris.

Då märker jag att det bara är Rihta som bor på andra sidan fjället, att hennes glada, små ögon är trötta och blodsprängda, att hennes gamla mun skälver av trötthet och att hennes ansikte är blodigt och svullet av hundratals mygg- och bromssting. Med en snabb rörelse vrider hon axlarna ur laukons remmar och låter den falla, sjunker så ned på mossan med ryggen mot en björkstam och sluter ögonen med en jämrande suck.

– Vaiban? frågar jag. Trött?

– Län! svarar hon med eftertryck. Ja, det är jag. Och med ett resignerat tag åt ansiktet stryker hon av svett och blod.

– Stackare! säger jag. Myggorna har varit svåra i dag. Har du varit långt bort?

– Åja tre mil.

– Med den bördan?

– Ja, med den bördan.

– Den är tung, den! Jag går fram och lyfter på den – femton kilo, så visst som ett. Men det är ingen prinsessa, baraen säck full

148

med syregräs som ska användas när renmjölken torkas. Tre mil med den bördan och efter en hel dags strängt arbete med hopsamlandet. I glödande solsken. Den lilla magra, tunna gumkroppen – vad den måtte kunna hålla ut och orka till det otroliga.

– Hur gammal kan du vara, Rihta? Sextio år kanske?

– Vet inte. Det får du fråga prästen. Jag var femti en gång för längesen en Andersmässa, när jag frågte sist. Jag ska fråga nu vid nästa Andersmässa, om jag kommer till kyrkbyn. Varför står du här ensam så sent? Det är farligt när solen är nere och du ingenting arbetar med. Men du har stål i handen ser jag, och kniv har du i bältet.

Jag ser på yxan, som jag ännu håller i, tar mot höften, där kniven sitter, och frågar med en röst som är full av den häpnad jag känner:

– Stål! Javisst, men varför är det farligt att vara ute nu om jag inte haft stål?

– Vet du inte? Uldat.

Uldat. Jaja, jag vet, och jag skrattar inte, nickar bara och tänker att nu ska jag verkligen gå hem med min björk. Rihta blir visst själv orolig, hon mumlar något helt tyst, trär armarna in i laukons rep, reser sig och går vidare utan ett ord till avsked. Hastigt tassar hon på mjuka sockor, björkskogen slukar henne i sitt ljusa djup och stryker hennes trötta gamla ansikte med mjuka små blad.

– Nu är det min tur, det är på tiden, tänker jag igen, sticker in yxan bak i bältet och lutar mig ned för att lyfta stammen upp på axeln. Men det är för vackert, jag går inte – jag reser mig upp på nytt, glömmer uldat och stål och onda makter och ser ut över sjön. Solen är visst på återväg, luften är sval och gyllene, små blekröda moln speglas i sjöns svärta och en lom plöjer vattnet som vore han furste över Tarfaljaure och allt vad däri finns. Den smala båten ligger uppdragen på land och stjärnorna är ännu blekare än nyss.

Långt borta tjuter en hund ut mot den vita natten, röken från kåtorna stiger tunn bland dansande mygg, och den ljuvaste av alla tystnader breder ut sig – den som är vildmarkens. En tystnad full av ljud, full av liv, full av sång.

Det är som om fjällen sjunger, jorden sjunger, träden sjunger, som om varje litet blad sjunger sin egen tysta vidunderliga melodi. Om det är sjöns skvalpande, en fors som brusar i fjärran, vildgässens låga snatter – jag vet inte, men man liksom står och lyssnar och väntar på en ännu starkare ton, en sammanfattning av allt detta underbara. Och det kommer! Som en ljusstråle tränger genom mörkret, som solen bryter fram ur tunga moln, som – nej inga liknelser finns. Bara en mild röst är det, en entonig melodi med ord som ej kan urskiljas – en entonig, förunderlig melodi, inte vild, inte stilla, med en rytm som i sig har all vildmarkens stränghet, all vildmarkens ljuvhet. Det är björkdoft och stjärnor i den sången, fjäll och vatten, mossans mjukhet och jordens doft, forsens dån och lommarnas skrik, bäckens rassel och trädens sus.

Och det är bara en lappflicka som jojkar! Det är väl Marja, som kommer nerifrån sjön, där hon lagt ut näten — hon tror att ingen hör, hon tror att hon är ensam i sena kvällen. Annars lät hon nog inte en jojk komma över sina läppar. Ty jojkning är ju en stor och förskräcklig synd nu, sedan kristendomen gjort sitt segerrika intåg – syndigt är det, och orent är det, och himmelriket väntar förvisso ej den som bryter mot detta bud. Psalmer och andliga sånger i stället, böner och betraktelser.

Jojkning är förtappelsen. Och lapparna lyder. De tiger och sjunger inte längre ut all sitt hjärtas glädje och kval. De vill komma till himmelen, och ve den som jojkar. Men de unga glömmer, de vågar ibland förtappelsen. Och när ingen hör strömmar jojkningen från deras läppar, blir de improvisatorer av Guds nåde, och melodi och ord formas av allt det som brinner inom dem. Rytmen stiger och faller, orden böjer sig mjukt efter, skapar stämningar och skönhet, melodien vaggar fram och åter – än vild och hård och ond, än mjuk och om, än sorgsen så hjärtat gråter, än glad så ögonen tindrar. Omfånget är ej stort, tonerna ej många, men allting som ska sägas blir sagt. Allt som spränger i sinnet och vill utfår form och röst – primitivt och konstlöst, men ändå med allt det i sig som all världens konst ej kan efterlikna.

Som Marja nu! Visst måste hon jojka en kväll som denna, när stjärnorna brinner i väster, och sjön ligger som glas, när fjällen står blåvita med rosenfärg på topparna och björkarna svingar luften full av doft. Visst måste hon jojka om allt detta så att hennes hjärta inte ska springa sönder av glädje och ungdom och lycka.

– Vasti, vasti! skulle de gamla säga om de hörde henne – fult, fult! – och deras ansikten skulle vara stränga, deras blickar mörka. Men jag undrar om de inte längst inne skulle känna lust att småle åt minnen om ungdom och vår, om det inte inom dem skulle nynna av jojkar som de trodde sig längesen ha glömt. Jojkar till himmel och sjö och fjäll och jord, till renar och kalvar och snö, till allt vackert och ont i världen. Kanske våren kunde få gamlingen hemma i Marjas egen kåta att helt stilla gnola: silkenjawi, silkenjawi, voja voja nana nana, ko manadegji dego bäivi suotnjarat, voja voja nana nana – silkebringa, silkebringa,

du far likt solens strålar – småkalvarna kallar, och det susar och
brusar, voja, voja ...

Eller kanske skulle han minnas sången till sin käresta som
han sjöng en vår som denna för långa, långa år sedan:

voja voja nana nana
 likt daggkåpans blad,
 när det spirar ungt och spätt
 likt daggkåpans späda blad,
 är veckig och vid din kolt

Men inte sjunger han dem väl nu om han än minns dem – ånej,
det är synd, det är brott mot Guds bud. Fult är det och fult
förblir det. Sjung sakta, Marja, så ingen hör dig – sjung sakta! Nu
kommer solen, nu stiger den röd och dimmig bakom
Rokomborres fasettslipade kägla. Nu blöder all den vita snön i
morgonljuset, nu gungar luften rosenfärgad kring de gröna
björkarna, nu lyfter vildgässen och lommarna tiger, nu är det
ondas makt bruten. Det är rätt, Marja – var alldeles, alldeles tyst.
Den nya dagen kommer.

Ett par dagar därefter blir lilla vackra Marja sjuk. Hon har
huvudvärk och feber och svåra kräkningar, ingenting äter hon
och ingenting dricker hon, och hon ligger mest med ögonen stelt
fastade på räppen, över vilken molnen drar. Ibland är hon vit,
ibland röd, ibland varm, ibland skakande av köld, och ingen vet
vad som felas henne.

Så plötsligt har det kommit. Häromkvällen kom hon ju
jojkande ur skogen, lika frisk och strålande som alltid – redan
dagen därpå började huvudvärken, och ingen av mina mediciner

kan hjälpa henne. Nu är hon svag och matt, orkar knappt tala – bara ser på en med stora sorgsna ögon.

– Du dör nog! säger hennes mor, och fadern nickar sorgset instämmande. Och Marjas ögon blir än blankare, när hon hör det, och hennes mun skälver som om gråten inte vore långt borta. Det är inte roligt att dö, tänker hon – inte roligt när man bara är arton år och hela livet väntar. Men när man måste dö, så är det ingenting att göra, och jag dör nog – jag är ju så sjuk. Om bara någon kunde hjälpa, om bara någon visste råd. Tänk om Gammel-Inka ... Hon *vet* något, hon är klok, hon har hjälpt sjuka förr.

Marjas ansikte ljusnar, hennes ögon är inte längre så bedrövade och med svag röst säger hon:

– Mor, kanske Gammel-Inka har någon råd för mig. Hon vet något.

– Gammel-Inka! Ja ja, hon vet – men det är söndag, Marja.

– Jag är så sjuk, mor!

– Ja, du är sjuk, stackare. Alltid kan vi fråga. Lasse, gå du och tala vid henne. Kanske hon vill läsa över Marja ochgöra henne frisk – kanske hon inte behöver dö, flickan.

Lasse går. Sakta, utan brådska försvinner han genom oksan, följd av Marjas och Sannas oroliga blickar. Marja suckar djupt – hon vet att väntan blir lång. Först är det vägen till Inkas kåta, sen allt pratet och kaffet innan Lasse säger sitt ärende, sen kaffe igen och mera prat, och sen den långa vägen tillbaka. Men hon är inte otålig, ligger inte och önskar: måtte han skynda sig, måtte han skynda sig! Hon vet att det måste ta sin tid och ligger så tålig och stilla, låter blickarna fara genom räppen och håller de små händerna i kors över bröstet.

Men äntligen, efter timmar hör hon dem komma. Det är två

som går, två som talar – Gammel-Inka är med, och Marja ler av lycka. Kanske ändå, att hon får leva!

Ja, Inka kommer, och söndagsstassen har hon på: ny fin vadmalskolt i mörkaste blått med röda och gula klädesränder i kanten och i alla sömmar. De täta vecken är sirligt ordnade under det breda bältet, förklädet är rödrosigt, och kring halsen glimmar en strålande bröstduk av tjockt siden med mönster av rosor och blad. Men ingen brosch håller den samman, bara en liten säkerhetsnål med en blå sten i – ty Gammel-Inka ar troende och en troende pryder inte sig med blanka och pråliga smycken. Vid Inkas bälte rasslar inga silverkedjor att hänga nycklarna i, som de unga, tanklösa och oväckta flickorna kokett ståtar med, inget praktfullt halsband av silverknappar och granna glaspärlor bär hon kring halsen, inte många silverknappar i bältet heller. Ånej, Gammel-Inka vet bättre hon – hon håller sig till predikanterna och Laestadius hon, och de tillåter intet onödigt bjäfs. Det kommer väl en tid för de unga också, då grannlåten stryks av och allvaret träder i stället! Och Gammel-Inka är ändå mycket grann och vacker där hon träder in. Den höga mössan går rakt upp över hennes smala panna, håret är blankt och söndagstvättat, om än testarna hänger och flyger kring öronen och ansiktet har visst fått en liten översköljning också, om det än är en mycket lätt sådan. Och full av värdighet och allvar stiger hon in genom oksan, fäller den med en liten smäll bakom sig och nickar mot Marjas ivriga, förväntansfulla blick.

– Du är sjuk du, säger hon och ser på flickan med skarpa, iakttagande ögon. Har du varit det länge?

– Åja, några dagar, svarar Marja. Och som hon är för matt att tala berättar Sanna om sjukdomssymtomen, vilken redogörelse avslutas med en suck och ett lugnt, resignerat: hon dör nog.

Men Inka sitter länge tyst med blicken på Marja – så säger hon tryggt:

– Ånej, vi ska väl hjälpa, om det går. Sätt på största pannan med vatten.

– Varra luoitit? frågar Lasse – åderlåtning.

– Åderlåtning! svarar Inka kort och tar emot den kaffekopp Sanna räcker henne. Sen talas det inte mer om sjukdom och läkekonst. Det dricks bara kaffe och skvallras – och Marja ligger bortglömd och sorgsen i de vita fållarna tills vattnet är varmt. Då försvinner varje spår till leende ur Inkas fårade gamla ansikte, omsorgsfullt torkar hon sin näsa med handen, stryker håret väl ur pannan och sätter mössan tillrätta. Så går hon fram till Marja, makar sig på knä framför henne på det nyrisade, doftande björkgolvet och ber henne räcka fram vänstra benet. Marja sträcker ut sitt smala ben, med anklar så hårt omlindade av det granna skobandet, att man tycker blodet måste stocka sig i benet och vända där utan att strömma ned i foten. Inka lossar behändigt och hastigt på bandet, drar av pjäxan och griper om Marjas vita lilla fot. Så liten är foten, att den nästan ryms i Inkas hand, så smal och högvristad och förnäm, att den nästan inte är som skapad att träda på, så fin och mjuk och ädel. Ingen prinsessa i världen kunde önska sig mer underbara fötter än denna lilla lappflickas – och nästan alla av hennes ras har lika vackra, lika formfulländade.

Inka ser inte på foten, hon söker ut en liten fläck ovanför ankeln, och med ett hårt grepp om vaden får hon ådern att svälla. Den stora köttgrytan, som är full med ljumt vatten, placeras framför Marja, Inka håller händerna över den och hennes tandlösa mun rör sig i ohörbara viskningar. Sakta för hon händerna runt kring grytans kant och läpparna röra sig allt

häftigare. Så tar hon på nytt Marjas fot, sätter den ned i vattnet
och blåser hela tiden, blåser och läser – stryker med långa
smidiga tag över benet och gjuter vatten över det, lyfter så upp
foten igen och blåser på ankeln, muttrar besvärjelser och trycker
den hårt mellan sina fingrar, medan ögonen stirrar stela och
stora rätt ut i luften.

Hon ser ut som en gammal häxa inne i kåtans skymning där
den flackande elden och den gröna skogsdagern utanför ger en
trist och tung belysning — håret faller i oredigt grå slingor kring
nacke och hals och ansiktet är skrumpet och brunt med tusen
djupa fåror. När hon nu för ned handen i kolten väntar man
nästan att hon ska dra fram en orm eller en korp eller en svart
katt ur den eller någon annan häxornas symbol – men i stället är
det bara ett litet fyrkantigt paket, och i detta paket en påse och i
denna påse ett etui och i detta etui ett litet instrument av
knappast ett fingers längd. Den lilla blanka tingesten ligger i
Inkas hand, försiktigt böjer hon fingrarna över den och för den
upp mot munnen, medan besvärjelserna regnar ljudlöst och
ivrigt. Hon blåser sakta på den, vänder den på alla håll, fixerar
den ihärdigt, tecknar i luften över den, tills den äntligen är färdig
och väl och värdigt beredd. Då tar hon Marjas skoband, lindar
det hårt ett par varv kring flickans ben, ber om tråd, mäter av en
ände och tvinnar den hårt samman. Allt är redo! Marjas fot lyfts
över vattenytan, det lilla instrumentet placeras rätt över den
svällda blå ådern, och ritsch! faller en liten halvmånformad bila
ned i det vita skinnet. Marja rycker till och böjer sig ivrigt fram,
men får endast se en smal ljusröd skåra i vars botten
benstommen skymtar. Ingen blodstråle sprutar fram, och Inkas
mun rör sig brådskande i tusen besvärjelser och blåsningar. Den
lilla bilan ligger ånyo i hennes hand, och alla den lapska

läkekonstens höga gudar åkallas. Så snyter hon sig kraftigt i fingrarna, stryker av dem på golvet, torkar sig i pannan, som är våt av svett, och för handen till munnen. Där fuktar hon den ymnigt med saliv, gnider in denna i såret, blåser, läser och placerar på nytt instrumentet. Marjas blick blir orolig, hennes feberblanka ögon vidgar sig och hon väntar med alla nerver på spänn – ritsch! Åter en smal liten skåra, en stickande smärta, men ingen blodstråle, och Inkas ögon börjar fara oroligt omkring. Det rycker i ansiktet, och i alla de djupa smutsiga fårorna strömmar svetten. Hon snyter sig, kliar sig i håret, pustar, blåser, läser, torkar svetten med händer som börja skälva, och gnider in såren hårt och länge med saliv. Marja är blek och ser skrämd ut, men är fast besluten att Inka ska försöka ännu en gång, två gånger, tre gånger, hur länge som helst bara hon slipper dö. Och Inka nickar samtycke, gräver på nytt i kolten och får fram en liten brynsten. Spottar på den och vässar bilan länge, stryker nödtorftigt av den slemmiga grå substans, som sitter kvar på bladet efter slipningen, och gör ännu ett snitt i benet. Det gör ont, kniven slår hårt och vasst igenom den tunna huden, genom det tunna muskellagret under den och rätt in i benstommen. Blodet sipprar sakta fram tills skåran är fylld, sen stannar det, och Inkas alla klämningar och gnidningar förmår det ej att flöda ymnigare.

Inka är orolig nu, muttrar något om trolldom och vill inte försöka mer: det är för sent i månaden att slå åder, månen får inte stå i nedan, trollen får ingen makt ha. Men Marja tigger och ber och Inka ger efter, reder sig att ännu en gång försöka tvinga det motspänstiga onda blodet ur kroppen. Ännu längre, ännu allvarligare besvärjer hon, svetten droppar om ansiktet, näsan rinner och handen torkar, och äntligen görs den sista operationen.

Ho! Så rött det blodet sprutar, så högt det springer i en smal stråle, så klart karminfärgat vattnet i grytan blir. Nu stillnar det, nu flyger kaskaden i luften igen, när bandet kring vaden lossas, nu krymper den samman, delar sig i två strömmar: en röd, en vit, som vatten.

– Voi, voi! Vastis varra, skippa varra – herra siunit, de lä vasti! jämrar Inka. Ojoj så fult blod, sjukt blod – herregud, så fult det är!

Stilla tunnar strömmen av, snart bubblar det bara helt sakta ur såret, snart droppar det, snart är det alldeles slut. Inka ligger nedhukad över Marjas ben, hennes ögon brinner, hon blåser och läser så saliven rinner nedåt mungiporna och samlas till en klar droppe under hakan – hon för fingrarna in i munnen, väter dem och gnider hårt in fuktigheten i såret. Sedan tar hon ur kolten en liten flaska fylld med gulaktig vätska, ber om en sked och häller en smula i den. "Lyptol" står det på flaskan, och aldrig har väl lyptolens uppfinnare ens i sina mest vanvettiga storhetsdrömmar kunnat tänka sig att så brinnande högtidliga besvärjelser skulle helga hans fluidum. Några droppar hälls i såret och arbetas in med Inkas lindrigt sterila hand. Så tar hon en liten bit av en tidning i munnen – väter och valkar den mellan sina tandlösa käkar tills den blir riktigt mjuk – då trycker hon den hårt mot den lilla röda skåran på Marjas ben, lindar en något dunkelfärgad trasa om och binder fast det hela med den som först får en uppmuntrande blåsning och ett par ljudlösa ord. Till slut blir hela benet väl besvuret, grytan med blodet bärs ut i vänster hand och töms bakom en sten som signats och tecknats.

När hon kommer in igen ligger Marja vit som den vitaste blomma, med bleka läppar och svarta, halvslutna ögon.

– Svimmat! säger Inka lakoniskt – men som svimma och dö heter ungefär lika på lapska fryser man till i ångest och tänker: hon är död, stackars liten, hon dog ändå, trots åderlåtning och besvärjelser och alla Lapplands konster!

Men Inka ser helt lugn ut, tar fram lyptolen på nytt ur barmfickans djup, häller skeden full, läser och blåser ochtvingar medicinen in i Marjas mun. Och Marja är inte död, hon lever och vänder åter till livet med ett våndefullt stönande och ett ansikte, som rycker i smärta.

– Har du haft ont i huvudet också? frågar Inka efter en stund.

– Ja, svårt, viskar Marja.

Åter hälls lite av lyptolen i skeden, signas och blir beblåst, gnids så noga omkring på hjässan, på panna, hals, öron och ögon – saliv stryks över ögonen upprepade gånger, till slut spottar Inka med ett ljudligt: tfui! i Marjas hår, och behandlingen är avslutad.

– Vad har du väl i den flaskan? frågar Lasse genomträngd av vördnadsfull nyfikenhet.

– Medicin! svarar Inka kort.

– Den hjälper för allt?

– Den hjälper för allt – med de rätta orden till.

– Ja orden, med de rätta orden! Lasses röst dör bort i en viskning, och han ser på flaskan som just försvinner i Inkas kolt, med en blick full av gränslös aktning och tilltro.

Den hjälper för allt med de rätta orden till – och den rätta tron! Vem kan tänka att en 25-öres flaska Lyptol, inköpt i en liten grå finnby – att den kan hjälpa för allt. Men visst hjälper den. Åtminstone Marja. Hon glider ur dödens käftar, på två dagar är hon frisk igen, och nästa söndag vandrar hon till Inka med sin finaste kyrkduk i kolten – och nu pryder den väl Inkas smala gumaxlar när hon värdigt vandrar till kyrkan eller går på bön i någon finnby. Nu strålar Marjas lysande rosor kring Inkas vissna hals, och Marja ser på dem och ler – ty hon lever och är inte död, hennes ögon blänker, hennes bruna runda kinder rodnar av livet, och hon är så sjungande glad och ung, att hon inte behöver rosor och silke och stass, att hon knappt en gång längtar efter det, att hon lyser och strålar bara av sin egen ungdom och lycka.

Det har blivit höst. Som en dröm har sommarn svunnit – det är som om det bara var en vecka sedan löven sprang ut i sko-gen, sedan fåglarna kom och sommaren stod ung. Och ändå är det många veckor som gått sedan dess – snart slår uppbrottets timme för Ellekare och mig, snart är tiden inne då flyttningen tillbaka till Sverige står för dörren. Predikanten har varit och farit för länge sedan, och grannlåten börjar våga sig fram igen – hos de unga åtminstone. Men så länge han fanns i byn var all stass omsorgsfullt struken, fastän jag tror egentligen inte han skulle ha brytt sig så mycket om ifall flickorna haft ett pärlband om halsen eller en brosch i bröstduken – jag tror det var större synder han gick i härnad mot. Han hörde på långt håll inte till de mest fanatiska av Laestadian-predikanterna, liksom vår sidas lappar ej bekände sig till den allra strängaste Laestadiansekten. Han var hög och stor, som den mest kämpalike viking, ett långt, grått patriarkskägg flöt över det breda bröstet, och hans blå ögon var goda och vänliga, utan ett spår av fanatism i sig. Inte förrän han började tala! Då blev de till flammor, till ljungeldar – hans annars så milda röst dånade som åskan och alla måste lyssna när han tolkade ordet. Laestadii bud är stränga, de ord han klätt dem i vet inte av något prål — rakt på sak går de, kraftiga är de och någon oratorisk utsmyckning finns inte; enkla och kärva, oböjliga och hårda går de rätt in i veka sinnen och böjer dem med skräckens makt, om inte förståndets räcker till. Hans profet tolkade och la ut, dundrade och ljungade och var ett redskap i Guds stränga hand – och lapparna satt lyssnande – tätt, tätt hopträngda i sidans största kåta. De som inte fick rum inne trängde ihop sig utanför, oksan var slagen åt sidan, och genom den såg man ut över all världens härlighet, över vita fjäll och gröna dalar, över den svarta lilla sjön som speglade himlens drivande moln, man hörde fåglarna sjunga, kände porsens och vildmarkens doft.

Och profeten talade. Inte alltid dånade hans stämma hårt, inte alltid var det straffarens röst, ånej. Ibland kom den stilla och mjuk, och det klingande finska språket gick ur hans mun så man tyckte att sjön och fjällen och skogen fanns i det, så man fick en känsla av att detta var en gudstjänst som vår Herre själv har menat att den ska vara. Men med ett blev rösten sträv igen och tuktans ord kom skarpa, utan barmhärtighet och misskund. Någon i församlingen började jämra sig högt och ruelsefullt med långa ångestfulla böjningar i stämman: Voi, v-o-o-i, v-o-o-o-i! Det var som en signal. Röst efter röst föll in, i början lågt och klagande, sedan högre, vildare, starkare. Det blev till skrik, till rop som i dödsnöd — kropparna vaggade fram och åter, tårarna störtade utför kinderna, ansiktena lyste likbleka. Högt upp i falsett jämrade rösterna, var och en på sin egen rytmiska, beklämmande melodi, det ryckte i armar och ben som av kramp, svetten strömmade, munnarna stod öppna i skrik, och ögonen stirrade i vånda. Ingen satt stilla längre – de reste sig, kastade sig raklånga ned på golvet, lutade sig intill varann i hårda, medvetslösa omfamningar, de blev till en krälande, vrålande massa, som i extatisk yra vältrade sig i all helvetets pina. De skrek ut sina synder med hesa, förtvivlade röster, slet sitt hår, tuggade fradga, krökte sig som maskar.

Och mitt i allt detta, som en klippa som ingen storm kan rubba, stod predikanten. Allas armar sökte nå fram till honom, nå om honom, alla händer sökte hans, som om han vore räddningen ur allt livets elände. Lugn stod han där, orubblig och fast, då och då hördes hans röst genom larmet men ingen märkte det ens. Vanvettet blänkte ur ögonen, syndabekännelserna skakade luften, skriken steg så skärande gälla att man inte kunde förstå hur det var möjligt för människor att åstadkomma dem, att denna krälande, ryckande, vinande massa var människor och inte en mardrömssyn av förtappade andars omätliga plåga och avgrundskval.

Med ens stillnade det. Skriken försvagades, jämmerropen tystnade, munnarna slöts, ögonen fick åter sin syn. De hårda famntagen släpptes, svett och fradga torkades av – snart satt där endast en samling trötta och bleka stackars människor som ödmjukt böjde sina huvuden i bön, när profeten läste med allvarlig, trosviss stämma. Och när bönen var slut satte emäntä kaffepannan på, kaffekvarnens prosaiska surrande efterträdde liikutuksians (gängse benämningen på Laestadianernas religiösa extas) verop, och inom ett ögonblick var allt som vanligt igen. Precis som om ingenting hänt. Man skrattade, pratade om renar och väder, om jakter och vandringar – det var som om aldrig någon storm dragit genom sinnena, som om man bara hela tiden helt lugnt suttit i ring, skvallrat lite och druckit kaffe. Ingenting annat. Och bara för fem minuter sedan hade man kunnat bränna dessa samma människor levande, tror jag, utan att de ens skulle märkt att lågor rört deras kroppar. Förunderliga folk!

Omkring en veckas tid stannade predikanten i lägret, varje dag var det bön, och nästan varje dag "liikutuksia", och jämret och skriken skalv över fjällen så man kunde höra det halvmilatals. En lång tid efter det profeten dragit vidare var det stassfritt och enkelt i lägret, men efter ett par veckor började man skymta ett pärlband här och en brosch där, och snart var allt som förut. Utom hos ett par ungdomar som tappert höll sig hela sommaren och inte lät sig komma någon fåfänglighet till last. De hade blivit "mycket kristna" enligt Ellekares utsago, och vann hennes odelade gillande och beundran. Hon fördömde i skarpa ordalag alla som inte var kristna, men hela hennes lilla hjärta hängde vid granna pärlor och rosiga band, och i kampen mellan kristendom och stass är jag rädd att stassen alltid avgick med seger. Lilla Ellekare – jag kan trösta dig med att du inte är ensam om att inte leva som du lär!

Och nu är hösten nära – för var dag blir luften klarare och mera genomskinlig, fjällen kläder sig efter var natt i en vitare och vidare kappa, solen går ned och lämnar jorden i mörker och går upp igen, precis som en vanlig och förståndig sol. Ännu är blad och gräs gröna, men varje morgon ligger ett vitt frosttäcke över skog och mark, och en dag, när vi stiger utom oksan är allt det gröna borta under ett decimeterdjupt snötäcke. När solen börjar värma smälter det bort igen, men man får ändå en förnimmelse av att vintern lurar i bakhåll. Skymningen som vi ej sett på månader blir allt längre för var dag, kvällarna allt mörkare och nätterna kommer med kyla och stora klara stjärnor som glimmar över räppen så att man knappt vill sluta ögonen till sömn.

Det är en kväll några dagar innan skolan ska sluta,

skymningens blå skuggor drar över dalen och jag sitter ensam i min kåta där elden flackar och snart håller på att dö ut. På andra sidan härden sitter Tsappe med huvudet på sned och tankarna lite varstans, mest på sin rygg antar jag, som ännu bör svida efter en grundlig bastonad — man går inte ostraffat upp i boasson, när ens matte händelsevis vänder ryggen till, och stjäl ett stort stycke färskt renkött som är avsett till något helt annat än hundmat! Och som vi båda är missnöjda med varann sitter vi i trumpen tystnad, elden brinner allt svagare, snart ligger det bara några glöd kvar och pyr. Utanför lockar Ellekares mjuka röst på geten:

– Gitsegaitso bode! Gitse nokkelpie!

Och långt bortifrån de andra kåtorna kommer samma rop – lockande, smeksamt. Blåare fladdrar skuggorna, rödare lyser glöden, tystare blir luften runt om:

– Gitsegaitso-o-o-o!

Med ett börjar getternas bjällror klinga och hela hjorden kommer farande. Brått, brått med små trippande steg kommer den ur skogen, klockorna om halsen ljuder i takt, och med stor fart bär det av mot de milda rösterna som lockar så sakta och smekande. Några svaga bräkningar hörs – sen blir allt tyst. Men jag vet, att borta vid gammen skummar nu mjölken ned i nahpin – den vackert böjda urholkade skålen av björkrot – och pratet är i full gång mellan alla mjölkerskorna. Inte ett ljud tränger dock fram till mig, allt är så stilla, som om jag vore alldeles ensam i hela världen. Tills jag med ett hör sakta sång från kåtan bredvid. Det är Marjas vackra flickröst som gnolar en finsk visa med beklämmande sorgsen melodi och ett omkväde som fäster sig i minnet och aldrig vill släppa taget. Månen glider upp bakom en fjällkam, en hund tjuter mot den, lommarna kastar ut några

jämmerrop i natten, men över alltsammans böljar Marjas klara
röst och blir till ett med den blå skymningen:

Illalla kuin minä maata panin
en tiennyt surusta mitään,
singralilallilallan, singralilallilallan
en tiennyt surusta mitään

Sannas röst faller plötsligt in, och tillsammans sjunger de hela
den långa, långa visan till slut. När den sista versen tystnat har
mörkret sänkt sig alldeles, Ellekare har ännu inte kommit
tillbaka från mjölkningen, elden är nästan utdöd, och jag känner
mig med ens så ensam att jag inte kan hålla ut längre, utan tar
Tsappe i släptåg och snubblar in till Sanna och Marja.

Där brinner brasan i himmelens sky, och mörkret och månen
och tystnaden får hålla sig utanför – Sanna bakar, Marja syr på
ett par nya skor, och Nilsa läser med ljudlig stämma på
psalmversen som han har i läxa till dagen därpå. Så fort Sanna
ser mig i oksan ler hon och slänger på kaffepannan, Nilsa stakar
sig fram genom psalmen med onödigt hög och plikttrogen röst,
Marja slutar tvärt den sång hon nynnar på, och skrattar så hon
får gropar i sina runda kinder.

– Sjung på du! säger jag och slår mig ned bredvid henne,
plockar fram min stickning ur barmfickan och är snart i arbete
med ett par granna, brokiga lappvantar.

– Om du sjunger med! ler Marja till svar.

Och så sjunger vi alla tre, medan Nilsa strävar på med Din
klara sol ... och månen börjar lysa in genom räppen. Sakta tar vi
oss fram genom visans tjugofyra vemodiga finska verser, utan att
hoppa över en enda, och när den sista klingat ut blir det alldeles

tyst igen. Endast Nilsa läser stackigt och mödosamt: "jag höjer glätjens ljut!" – men något mindre glädjelikt än de ljud han presterar har man svårt att tänka sig.

Sanna slänger några stora björkklabbar på elden, tar fram pusten och blåser med snabba ivriga tag tills flammorna sticker fram. Nu ta vi: minä olen pieni piika! säger hon och återgår till bakningen.

Och så börjar vi genast en ännu bedrövligare visa än den föregående – på en långdragen, tung melodi som åker upp och ned i ett evigt enahanda, utan att nånsin göra någon liten överraskande och glättig utsvävning från sorg och bedrövelse. Sanna bakar, Marja syr på de ljusbruna, smala snibbskorna, jag stickar på min vante och Nilsa tackar sin Gud "med kraft och mod och nyfött hopp" och en uttråkad klang i rösten. Just som vi börjar på nionde versen hörs en hostning utanför som får oss att tvärt tystna, och ögonblicket därpå träder Lasse in, följd av Heikka och Josto och ett par andra av sidans manfolk. De se så dystra och allvarliga ut alla, och inte ens Heikka ler sitt glada leende som annars alltid brukar flyga så snabbt över hans drag.

Josto är ordningsman för renhjorden och har inte varit hemma på hela sommaren, och han kommer nu direkt från betesplatsen inne i Norge. Det är alltid en stor händelse när någon återvänder till lägret efter lång bortovaro – de har nyheter med sig, de har sett och hört saker som vi ingenting vet något om där vi går, fjärran från världen och dess buller, de fyller vårt stilla liv med nya tankar och funderingar, med nya samtalsämnen. Och när vi ser Josto nu, så makar vi oss riktigt tillrätta i värmen, pustar på elden så att flammorna ska stiga ljusa och kvällsmörkret inte ligga så tungt och väntar oss en glad och intressant pratstund om hjorden och norrmännen och vädren. Men Josto ser inte ut som om han hade något muntert att berätta – tvärtom, hans mörka ansikte ser dubbelt så mörkt ut som vanligt, hans ögon skådar dystert in i elden och inte ett ord kommer över hans läppar. Så måste man väl fråga då, för att få veta något:

– Det börjar lida mot hösten nu! börjar jag, försiktigt. Och ingen har något att invända mot detta faktum – alla bara nickar bifallande.

– Hjorden är väl på hemväg nu? fortsätter jag. Ni ska ju vara över gränsen med den till Mikaelsmässan?

Jo, den är på hemväg, den kan snart vara vid lägret. Så blir det tyst igen, men Josto ser ut som om han kunde börja tala när som helst; så jag gör ytterligare en fråga:

– Blev det stora taxter i år?

– Sextusen kronor! svarar Josto kort och biter samman tänderna när han sagt det.

Där träffade jag mitt i hjärtpunkten, utan att veta vad jag gjorde – där var orsaken till deras tystnad och sorgen i deras ansikten. Knappt hade Josto gett mig svaret förrän en veklagan bröt ut, en jämmer som gick ända ned till hjärtrötterna. Sanna satt alldeles vit i ansiktet och Marjas glada ögon miste plötsligt allt det skratt som annars bodde i deras djup. Till och med Nilsa tvärtystnade mitt i psalmversen som han ända tills nu tragglat med utan att låta sig störas och brast ut i ett högt voi! med sin gälla gossestämma. Och väl fanns det orsak till jämmer, ty en så stor summa har aldrig förr någon sida blivit dömd att betala. Sextusen kronor!

Det är något oerhört för lappförhållanden – en lapp har ju nästan aldrig reda pengar, det är ett tämligen okänt begrepp för honom, allt vad han behöver till livets uppehälle och nödtorft förskaffar han sig genom byteshandel och mycket sällan betalar han något med kontanter. Och nu ska helt plötsligt sextusen kronor anskaffas och inom ett år vara betalade till norska staten, annars få ej renarna föras in till Norge nästa år, och det är detsamma som svältdöden.

Som en löpeld har nyheten spritt sig i lägret, en efter en kommer män och kvinnor till Sannas och Lasses kåta för att höra om det verkligen kan vara sant detta förfärliga som berättats för dem. Ja, det är sant, det finns ingen återvändo — sextusen kronor! Somliga sitter tysta och bara vaggar fram och åter, andra låter förbannelser och vreda ord regna över den orättvisa de anser har begåtts mot dem, åter andra räknar och räknar för att kunna lista ut om de ska bli alldeles utfattiga, när allt är betalat.

– Men hur har det kunnat bli så mycket? frågar jag, när den värsta jämren lagt sig, och resignationens ande börjat lägra sig över församlingen. Har ni inte vaktat era renar riktigt eftersom de har gjort så mycket skada?

– Å, vi har nog vaktat, säger Josto. Vi har nog vaktat. Men vad hjälper det! När de vill ha våra pengar så hjälper det inte om vi vaktade tills våra ögon brast. Lagen är inte med oss och då kan ingenting hjälpa. Vi är främlingar ser du, vi är inte samma folk som de. Vi har inte rätten med oss, vi kommer dragande över jord som inte är vår längre. De tänker inte på, de som gjort Norges lagar, att innan ännu lagar fanns på denna jorden, så drog vårt folk samma väg, så var det landet vårt som nu andra gärdat omkring och gjort till sitt. Vi har ingen rätt längre, ser du, vårt land är inte längre vårt, och de jagar bort oss som om vi vore vilda djur.

– Men lagen säger att ni få dra fram era gamla flyttningsvägar, bara ni inte skadar böndernas jord.

– Ja, det gör den. Om vi inte skadar böndernas jord, om det inte finns märken av att vi gått över deras åkrar och inhägnader. Då måste vi betala vad som vi blir dömda att betala, och i år är det sextusen kronor.

– Blev det så många märken i år då?

– Ja du vet sommarn kom sent i år. Vintern släppte aldrig taget, och det var så hård skare på fjällen att det nästan var omöjligt för renarna att komma igenom den. Då sökte de sig ned till dalarna, men vi drev genast upp dem igen innan de hunnit ens så mycket som skrapa ett hål på snön som täckte böndernas åkrar. Men du förstår, det syns spår efter renarnas klövar på de nedsnöade gärdena, och det behövs inte mer än ett spår, ser du. Om det så bara är spår efter *en* ren som löpt över en träda så blir det lika taxt som om hela hjorden dragit fram. Sådan är lagen och vi förmår ingenting.

– Men kära! säger jag. Inte kan väl renarna göra skada med att gå över en tillfrusen och översnöad åker där ännu inte ett strå växer. Det finns väl inga möjligheter att lagen kan tillåta taxt för sådant?

Då skrattar de allesammans, ett kort, hårt, glädjelöst skratt och ser medlidsamt på mig som kan tro människor om så gott.

– Vad bry de sig om skadan! svarar Lasse, som ligger utsträckt längs med bärbmed och röker sin pipa – och så spottar han med utsökt ackuratess in i elden. Vad tror du att du gör för skada om du går över en nysådd åker där snön ligger många meter djup och skaren är hård som sten! Vad tror du renen gör för skada! Du hör att om det också bara är *en* ren som sprungit över ett gärde och lämnat spår efter sig så bli vi dömda till taxt för hela gärdet. Det blir pengar det ser du, för dem som dömer.

Vad rör det dem, att vi är fattiga, och att många av oss kanske måste gå från kåta och allt för att kunna betala sin del?

– Men när sommaren kommer så kan ni väl i alla fall vara lugna för vidare taxt? När fjällen är gröna så håller renarna sig väl där?

– Ja, men ser du, vi har inte så stort stycke av fjället att vara på, och om renarna vandrar från ett ställe till ett annat för att söka bete så får vi betala för den mark de går på om den tillhör någon bonde. Spillningen fördärvar gräset, säger de. Korna vill inte beta där sedan. Men nog har jag sett kor beta där renen har gått!

– Var ska ni få pengar ifrån att betala med?

– Vi får sälja renar förstås, svarar Josto. Vi få väl försöka att hjälpa varann. Det måste gå, hur det än ska bli, annars få vi inte föra in hjorden i Norge igen nästa sommar. Kanske svenska staten hjälper oss lite. Men förfärligt är det. Så höga taxter har aldrig någon sida haft förut.

De andra bara vaggar fram och åter, och ett ögonblick är allt tung, dyster, gränslös sorg. Så börjar Sanna räcka kaffet omkring, och genast får allt ett lite gladare utseende. Hjorden kommer på tal, och en allmän belåtenhet är rådande över dess tillstånd efter sommarbetet. Kalvar och märkning och det blivande höstrengärdet dryftas, och när alla hunnit få sin påtår klingar skratten friskt igen, som om varken norrmän eller taxter fanns i denna världen. Men jag ser ibland en ryckning i ansiktena, hör en förlupen suck, och jag vet att bedrövelsen bara ligger gömd, att första ord kan få den att bryta ut på nytt.

– Jon Nilsa är död! säger så Josto i förbigående. Han har så mycket att berätta efter sin sommarlånga bortovaro att det mest är han som för ordet. Underrättelsen gör stort uppseende och alla frågar ivrigt vad han dog av för sjukdom och när det skedde.

– Det var vid islossningen, berättar Josto. Han skulle gå hem från Norge till lägret vid gränsen. Isarna var frätta och när han gick över en sjö rände han ner i en vak. Ensam var han och ingen fanns som kunde hjälpa men han tog sig upp själv med kniven. Det kunde de förstå, som fann honom, för det var fullt med blod runt kring vaken och händerna hade han skurit sönder på kniven och mot isen. Han hade kunnat ta sig till land, och lite ris till en eld att värma sig med hade han också orkat hugga. Men tändstickorna hade blivit våta förstås, när han legat i vattnet, och då de hittade honom – det var Nikko och Aslak som kom vägen fram väl tre dagar efteråt – så stod han på huk med ett näverstycke i ena handen och tändsticksdosan i den andra. Runt om honom låg tändstickor med svavlet avrivet. Och så hade han frusit ihjäl stackarn.

– Voi, voi! säger Sanna och männen skakar sina huvuden. Men ingen tycks anse händelsen något vidare märklig. Sådant inträffar emellanåt – kölden är hård och människan ensam på öde slätter. Det är lappens liv, det är den död han riskerar var timme på sina långa ensliga vandringar, sådant händer och ska väl hända många gånger än. Det kan man ingenting göra åt. Och om några minuter är samtalet inne på helt andra ämnen: om priset på mjöl och kaffe, och om vinden ska komma österifrån eller västerifrån ur det moln som ligger svart vid horisonten. En stund till sitter de kvar och pratar om allt som kommer i deras sinnen, så reser en på sig och går, om några minuter en annan, så ännu en, och snart har de troppat av allesammans till nya kaffeorgier i andra kåtor och nya överläggningar om hjorden och taxterna, om de norska länsmännen och mjölet och kaffet och vindarna. Månen står högt på himlen, alla sommarens små bleka stjärnor har blivit djupa och tindrande, och eldens blossande glöd färgar den svarta kåtaduken till kostlig purpur.

– Hjorden är kommen! Tidigt på morgonen – innan det var dager nästan – hörde vi bjällror klinga och hundar skälla, och Ellekare mumlade ännu halvsovande, men med stor glädje i stämman:

– Nu är hjorden här!

Och när barnen kom var deras ansikten fyllda av förväntan och fröjd, och deras röster klingade som om de förkunnade all världens glädje när de ropade:

– Hjorden har kommit, lärarinna!

Hela lägret fick som nytt liv. Det var ett rännande kåtorna emellan så oksorna flög i luften, undankastade av ivriga händer; vart man kom dracks det om möjligt mer kaffe än vanligt, de buttraste ansikten log, de lataste och långsammaste fick ny fart i benen. En halvmil bort hade hjorden stannat – om man lyssnade riktigt intensivt och allt var stilla så kunde man höra hundarnas skall därbortifrån, och på kvällen var lägret fullt av drängar och väktare som kom hem på besök. Det var fest, det var liv, det var glädje och skratt. Ingen tänkte längre på de sextusen kronorna – det redde sig väl alltid när den tiden kom. Nu gällde allt endast hjorden. Var den fet, var den frisk, var det många kalvar födda, levde alla, hade ingen frusit ihjäl? Blev det rengärde i morgon? Hade vajorna mycket mjölk? Skulle vinden blåsa från det rätta hållet den närmaste tiden, så att inte det blev svårt att hålla djuren kring lägret? Renarna springer ju alltid mot vinden – om det nu blev vind från Norge, så fick väktarna ett väldigt arbete att hålla dem från att löpa inåt igen. Måtte det bli lugnt och stilla så att rengärdet fick skötas undan som det skulle! I morgon var det gärde – javisst. Och i övermorgon och dagen därpå, och så många dagar man kunde få hjorden samlad.

Morgonen därpå var alla tidigt på benen i lägret. Ingen brukade annars röra på sig förrän tidigast vid halvniotiden – men första rengärdesdagen kan ingen sova. Då är det så mycket att ordna och sköta att man måste upp i tid, upp med solen nästan.

Det var inte mycket uppmärksamhet i skolan den dagen. Hade bollen ännu funnits i livet skulle den inte en enda rast fått vara i bruk, det lovar jag, men nu var den borta för längesen och ingenting fanns som kunde locka till flit och intresse. För var gång bara en vanlig getklocka lät höra sitt bjällrande, så ryckte alla till och lyssnade utåt – den annars så ordentliga Inker grep jag till och med på bar gärning när hon lyfte upp kåtaduken vid sin plats och spejade ut. Och detta mitt under välskrivningslektionen!

– Inker! sa jag då med högtidlig stämma.

Och Inker släppte duken, som om hon blivit bränd av ett glödande kol, rodnade så djupt att hon nästan fick tårarna i ögonen och sög med skuldmedveten min på sin blyertspenna.

– Vad tittar du efter, Inker?

Två gånger måste jag upprepa frågan innan Inker äntligen får fram att hon tyckte hon hörde Sanna och Marja gå ut. Och hon trodde de kanske skulle gå till gärdet och att inte skolan skulle hinna bli slut innan det blev tid att gå. De andra flyttade oroligt på sig bara vid tanken på något så förskräckligt som att komma för sent – och så grips jag av medlidande, jag förstår att detta är ännu allvarligare än den första dagen med skridskois och blankt solsken söderut i "mitt land" och ger lov från innanläsning och den tredjedels timme välskrivning som är kvar. Och inom en halv minut är kåtan tom och ungarna iväg så fort benen kan bära dem.

– Du ska väl gå till rengärdet du med? frågar Ellekare när hon strax därpå kommer in, och jag ser på henne att ingen makt på jorden ska då kunna hålla henne hemma i eftermiddag – om hon får rå sig själv.

– Ja visst ska jag gå dit! Du vill väl inte följa med kan jag tro?

– Du vill väl inte äta, nar du är hungrig, eller dricka, när du är törstig! skrattar Ellekare till svar.

Så viktigt är rengärdet! Naturligtvis ger vi oss båda av den långa vägen över fjällen – i sällskap har vi Gate och Sanna och Marja, och hela tiden skiner solen, skratten klingar och stegen tas så lätt i det mjuka gräset att det knappt böjer sig under fötterna. Gate och Sanna har varsin laukko på ryggen och i den kaffepanna och torrskaffning – det händer allt att manfolken är trötta och hungriga efter sitt arbete att driva hjorden in i gärdet och då smakar det gott med kaffe och mat. Förresten kan man bli hungrig själv när man mjölkat och arbetat i några timmar – mat är alltid bra att ha med sig och kaffe ändå bättre.

När vi gått nära en timme säger Sanna:

– Nu kan jag höra dem!

Vi stannar alla och lyssnar, och långt bortifrån förnimmer vi några svaga ljud. Som korta, lustiga grymtningar låter det för mina ovana öron, då och då uppblandat med ett skarpt hundskall, en mans höga rop. Men under dessa gälla ljud hörs hela tiden detta starka, djupa grymtande, det stiger och faller – än är det kraftigt, än nästan ohörbart – men hela tiden är det där. Det är småkalvarna, som kallar på modern får jag veta, och modern som svarar. Ju närmare vi kommer dess starkare blir ljudet, hela luften är fylld av det, och snart är vi tillräckligt nära för att också urskilja det dova trampet av många fötter mot lös jord. När vi hunnit över den sista fjällkammen har vi under oss på sluttningen hela gärdet: som ett nystan av intensivt liv är det, som ett myller av grå kroppar och vaggande horn – aldrig ett ögonblicks stillhet, ständigt runt, runt rör sig massan därnere, och vad man allra först lägger märke till är att rörelsen hela tiden går motsols. Det är nästan som vore det en karusell driven av en väldig motor — hundskallen, männens rop är musiken, det eviga intensiva ramandet är motorns surr, och hela den svartgrå massan av ryggar och horn är karusellen, som aldrig stannar, aldrig slutar, aldrig blir trött på att gå.

När vi tagit oss nedför fjällbranten och hunnit ända fram till gärdet pressar vi oss in genom en smal öppning mellan ett par korslagda björkstammar, och befinner oss plötsligt mitt i en brusande ström av liv. Hjorden böljar omkring oss, väjer smidigt undan för oss i sitt snabba lopp så att vi står som i en liten tom cirkel – hornen knirkar, hälsenorna spanns med ett sprött, knastrande ljud, kalvarna råmar. Flera tusen djur är samlade på denna lilla fyrkantiga plats, omgärdad med en palissad av björkstammar; nästan alla kåtors invånare har samlats hit, lasson viner i luften, skratt skallar, kommandorop ryter, röster skriker högt. Männen glider omkring med smygande steg, mössan med den gungande röda tofsen är skjuten långt bak på nacken, kolten vippar kortare och kokettare än vanligt, de solbruna ansiktena är våta av svett men ändå fulla av den mest intensiva glädje. De följer hjorden med ivriga, spända blickar – var och en märker ut sitt offer, sin fångst, var och en är fullt och helt upptagen av sitt arbete. Se på Heikka där, hur han smyger fram med armen höjd till kast och lasson i stora ringlar om handen! Mitt i detta myllrande kretslopp av alldeles likadana djur söker han ut det han ämnar fånga, vet han att skilja de som tillhör honom från de andras. Lasson viner ut med ett susande kast, faller ned över offrets huvud, Heikka stramar till och börjar dra så sakteliga för att få djuret intill sig. Ibland blir det fullkomlig dragkamp av – är det en stor, stark oxe han fångat, kan det hända att Heikka släpas gärdet runt mer än en gång av den motspänstiga krabaten innan han hinner betvinga honom. Då blir det skratt från alla så att det klingar mellan fjällväggarna, och Heikka ler själv åt sin tillfälliga maktlöshet. Men rätt vad det är tar han spänntag, där han kan få en lämplig position, och då är det inte lönt för gossen i andra ändan att försöka konstra längre! Då måste han glida närmre och närmre för vart kraftigt drag Heikka gör, det hjälper inte att luta huvudet ned mot marken så att den väldiga hornkronan riktas mot betvingarens bröst – ty betvingaren ler bara helt lugnt och blir inte alls skrämd, lägger repet över axeln, vänder ryggen till och drar sin fånge in i ett annat, mindre gärde, där slaktdjuren släpps, tills tid blir att avliva dem (utan några smärtstillande medel). Vanligen längre fram på kvällen, då mjölkningen är undangjord och kvinnfolken har tid att hjälpa till med att reda upp räntan och blodet.

Och så går Heikka ut igen till den kretsande hjorden, på vägen lindar han upp lasson så att den är färdig till användning och söker med blicken ut ett nytt offer, så fort han står i det stora gärdet. Han finner det snart och slungar snabbt sin lasso kring en liten årskalv, som alldeles hjärtängölig spjärnar emot, när den ovana, besynnerliga snaran lägger sig om honom, spretar ut med alla fyra benen och gör ett vilt försök att nå sin mor, som ångestfullt kallar. Men det tjänar rakt ingenting till! Det stramar för hårt om halsen, det är bara att gå eftersom det drar, rakt fram till den starka människan som bestämt inte kan vilja en liten skranglig, rödbrun kalv något gott. Gud hjälpe mig! tänker det lilla kräket så säkert som allt – de stora svarta ögonen bli allt större och svartare ju kortare repet stramas, och de blundar i vild skräck när ett par starka nävar griper tag om den smala, fina halsen och vräker till. Ett litet dödsskrämt djur finner sig plötsligt ligga kullkastat på marken, och tvärs över buken sitter karlen, som hela tiden haft ont i sinnet. Nu drar han kniven ur slidan och gör med den några snabba, djupa snitt i ett av de ludna och mjuka små öron som han håller mellan sina händer. Han skär ut ett par trekantiga bitar och blodet droppar om hans händer. Så springer han upp med ett lätt språng, lossar lasson – och den lilla nymärkta stackarn står förvirrad åter på sina egna smala ben, skakar med rådvill uppsyn sitt illa åtgångna huvud så bloddropparna stänker vitt omkring och sätter plötsligt av i galopp till modern som hela tiden ängsligt hållit sig i närheten. Nästa gång kanske lasson snärjer henne, och full av fasa kämpar hon emot i det längsta. Men en finlemmad vaja förmår ingenting mot Heikkas armar, han rubbas inte ens ur sitt läge, och snart står han vid hennes huvud, medan Gate snabbt springer till med nahpin i högsta hugg för att mjölka henne. Först får hon ett par smällande slag med handflatan mot spenarna, för att mjölken ska rinna till, och sedan står Gate framåtböjd, håller nahpin med den ena handen och mjölkar med den andra. När de få droppar, som kan pressas fram – vanligen ungefär ett knappt halvt dricksglas – dragits ur de små centimeterlånga spenarna, löses repet kring halsen och snabbt som vinden kastar sig vajan in i flocken och gömmer sig bland dess tusenden. Och Heikka ser sig om efter en annan. Aldrig tar han samma, aldrig fångar han ett djur två gånger, aldrig ett som inte bär hans märke. Hur hans ögon kan hinna urskilja de små, nästan igenvuxna öronmärkena

177

bland denna snabbt kringlöpande massa av djur är ett fullständigt underverk, men han är inte ensam om denna skicklighet – alla de andra lappmännen har lika skarp syn, lika svindlande träffsäkerhet. Det är mycket sällan man ser någon som missar ett kast eller som måste lossa lasson och låta djuret löpa därför att det inte hörde honom till.

Runt runt ränner hjorden – alla håller huvudena högt lyfta och de nya sammetssvarta hornkronorna vajar som ett spetsfint gallerverk, det knittrar och knastrar, det ljummar i luften av skratt och skrik. Och över alltsammans strålar en stor och sval höstsol, runt om står vittoppiga fjäll glimmande mot höstens vitblå himmel, och gräsets och björkarnas grönska lyser, ännu inte blekt av vinter och hård frost. De klara färgerna i lapparnas dräkter flammar i solskenet, renarnas brungrå ryggar glänser som siden, deras kupiga, svarta ögon speglar fjällen och himlen och allt, så man liksom får all denna skönhet mångdubblad.

Plötsligt känner jag en arm om min skuldra, där jag står och ser på alltsammans. Det är Gate – hon har slutat sin mjölkning för dagen och ska gå in i slaktgärdet så fort Heikka blir färdig med märkningen. Vi står båda tysta och lyssnar till larmet som stiger och faller.

– Nu ska du snart resa härifrån! säger så Gate.

Och när hon säger det så vet jag vad det är som hela tiden liksom gjort ont invärtes, fastän jag varit med om all glädjen i dag. Jag ska resa från allt detta – om några dagar bara. Från lapparna och renarna och fjällen, från min svarta lilla kåta, från Tsappe, från nätternas stillhet och dagarnas bekymmerslösa glädje, från de svarta sjöarna, de susande älvarna, den mjuka mossan där foten löper så lätt utan att tröttna.

– Är du glad att du snart får komma hem till ditt land igen? frågar Gate, när hon tycker jag varit tyst alldeles för länge.

– Nej, jag är inte glad, Gate. Det vet du väl att ingen kan vara glad att resa ifrån er.

Då ler hon – det vackra unga leende som ingen mer än hon har, och hennes ögon ser på mig så vänligt och klart.

– Kom så går vi och kokar kaffe! säger hon. För nu så är vi nog hungriga och törstiga både Heikka och du och Anne och jag. Samla ved du och gör upp eld, så går jag efter vatten.

Och så klämmer vi oss ut från gärdet genom den smalaste upptänkliga springan i palissadverket, Nils Tomma och Lars Peter följer med för att hjälpa mig med vedplockningen – det blir bara lite torra kvistar som vi hittar här och var. Men innan Gate och jag försvinner ur synhåll för varann där hon skramlar neråt dalen med sin vattenspann och jag går uppåt skogsbrynet, så vänder hon sig om och tittar länge på mig. Och så säger hon, med en röst som är full av den allra uppriktigaste förundran och häpnad:

– Om jag kunde förstå hur det är möjligt att människor nerifrån ditt land kan trivas hos oss lappar i fjällen. Och att du inte längtar hem igen ifrån oss!

Det är skolans sista dag. För sista gången brakar oksan åt sidan och barnskaran kommer inrusande, för sista gången hör jag deras högröstade, mödosamma: got morgon, lärarinna! För sista gången tar jag upp tonen till vår besynnerliga morgonpsalm – för sista gången är alltsammans som händer i skolan den dagen. Det känns så underligt och bedrövligt, det är inte roligt alls. Jag önskar för mig själv att jag hade hela den långa, härliga sommaren kvar, att jag fick börja om igen från början, att tiden inte hade flugit så oresonligt fort. Men vad hjälper det att önska!

Almanackan visar slutet av september, sköljournalen slutet av terminen, och om några dagar drar lapparna sin kos över fjällen till Sverige igen, medan jag tar en annan och snabbare väg tillbaka till civilisationen.

Och nu är det sista skoldagen! Alla kommer de i söndags-koltar, rentvättade och kammade, och med dagens högtidlighet tydligt skriven på sina ansikten, alla ser de på mig med lite förlägna miner, och alla kan de – o mirabile dictu! – sina läxor. Till och med Nilsa som annars alltid svävar lite på utanläsningsstyckena deklamerar dagens pensum med ljudlig och säker röst, och ser minst lika häpen och stolt ut som jag över fenomenet. Och när sista timmen är slut delar jag ut betygsböckerna och bjuder allesammans på kaffe.

– Går du i dag? frågar Jona, Isaks bror, när kalaset pågår som bäst, och lägger i detsamma in en väldig sockerbit i sin breda mun.

– Nej, inte förrän i övermorgon. Men skolan är slut i dag. Tycker ni det ska bli roligt att vara alldeles fria nu?

– Nehej! svarar Lars Peter. Det är roligt med skolan. Och när du kommer igen till nästa år så ska du se att vi inte har glömt bort allt som du lärt oss.

– Men kanske jag inte kommer till nästa år!

– Jo, det gör du allt säkert. Det tror vi allihop.

Å, tänker jag för mig själv, det finns inget jag önskar högre, men inte kan jag veta! Och när de alla går så känns det som om det var mina allra käraste jag säger farväl åt. Vi ska träffas i kväll, och i morgon och i övermorgon, men ändå är det som om jag aldrig skulle få se dem mer. De ska inte komma springande i morgon med böckerna i påven och med skratten klingande långt innan de hinner fram till min kåta – de är utlärda för i sommar, jag är färdig med dem. De kan allt vad jag hunnit lära dem på denna korta tid, de har varit mina små vänner och kamrater, om leken rasat eller allvaret vilat tungt, om solen strålat eller regnet rasslat. Och när de nu gå ut genom oksan – sakta och betänksamt och så ovant tysta så vill jag ropa åt dem: stanna lite till, barn små, sitt en stund till hos mig! Men det tjänar ju ingenting till, jag säger inga av alla de ord jag hör inom mig, och när de alla försvunnit bland skogens träd så travar jag deras böcker samman och packar dem i skollådan, låser den noga och lägger nyckeln längst ned i en kisa med en djup suck.

Då gläntar det på oksan, och Nils Tommas stora ögon spejar genom springan. När han ser att jag är ensam glider han in helt sakta, kommer fram till mig mycket röd och mycket blyg och säger hastigt:

– Här får du min nya kniv, lärarinna!

Och så räcker han mig snabbt en fint snidad slidkniv och springer sin väg så fort benen bär, innan jag ens hunnit säga tack. Och jag sitter där med hans nya kniv och har lika nära till skratt som till gråt.

Men har inte hunnit längre än till skrattet, förrän oksan öppnas på nytt, denna gång för att släppa in en stackars liten ombunden sjukling, som i ett par veckor gått som min patient. Hela hans ansikte har varit skorvigt och uppfrätt av sår – något sorts eksem förmodligen – och han har lidit svåra plågor, den lille stackarn, men börjar nu bli på bättringsvägen. Hans far är med honom i dag, och han tittar så bedrövat på pojken att det är som om all hans egen glädje flytt.

– Hur är det med dig i dag, Nohte? frågar jag och ser in i de sorgsna bruna barnaögonen, det enda av pojkens anlete som syns ovanför bandaget. Men Nohte svarar inte, bara suckar bedrövat, och hans ögon blir än sorgsnare än nyss, ty nu vet han att en svår stund nalkas: bindorna ska av, och såren smörjas in och tvättas rena.

– Du ska få en karamell efteråt! tröstar jag så gott det går, men endast en mycket svag glimt av glädje lyser upp i blicken vid detta löfte, och han drar en darrande suck. Kom nu Jona, säger jag till fadern. Vi börjar genast.

Och Jona stiger fram till min medicinlåda, vars lock jag fällt upp, tar Nohtes händer varsamt mellan sina, lika ömt och sakta som en mor skulle gjort det, och så lindar jag av det långa bandaget, som går många varv kring Nohtes runda lilla huvud. Det gör ont vid sista varvet, bindan sitter fast i alla såren, men Nohte rör inte en muskel, ger inte ett ljud ifrån sig. Det droppar bara stora, heta tårar ned på mina händer och det rycker i den bågiga lilla munnen av smärta. Hela tiden mumlar Jona över hans huvud små ömma, uppmuntrande ord, trycker sina händer fastare om hans vid de svåraste plågorna och ser så ångestfull och förtvivlad ut, som om hans eget liv berodde på att jag varsamt nog lossar bandaget. Många av såren har redan läkts – jag visar Jona på dem och han ser med en gång så belåten ut som om han aldrig vetat vad oro vill säga. Så tvättar jag Nohtes ansikte, stryker salva i såren och börjar åter linda på bindorna.

– En gäng till så är du frisk! säger jag. Men Nohte svarar inte, tårarna flödar hejdlöst igen, men alltjämt utan ett ljud – det svider svårt i såren, när salvan kommer på.

– Hör du Nohte, du blir snart bra, säger Jona strålande. En gång till bara! Men Nohte, gråter du nu! Mo rakis, mo gultani – mija lä? Daja, daja!

Min älskling, mitt lilla gull, vad är det? Säg, säg!

Öm och smekande är den djupa mansrösten, handen far lent

över Nohtes huvud, och Nohte gömmer sitt svidande ansikte mot faderns smutsiga kolt och snyftar ut hela sin sorg och smarta, tröstad och lugnad av tusen milda ord. Snart ler han lite och har glömt alltsammans, och när jag räcker honom en stor chokladbit tar han den med stort allvar, säger ett artigt: kito! och räcker den sedan ögonblickligen åt Jona.

– Far ska också få, ät du! säger jag då. Men han tar inte biten tillbaka förrän han ser att det verkligen är mitt allvar att ge Jona en, då stoppar han den med nöjd uppsyn i munnen på samma gång som Jona tar sin. Och så går de sin väg över fjällen igen, bort till sin kåta, som ligger långt från min – en stor och en liten gentleman, båda så glada i varann att de måste hålla varann i hand, och det fast de vet att jag kan se dem ännu och att de enligt lappritual inte borde visa sina känslor så öppet. Men en stor kärlek kan ingen dölja!

Fram på kvällssidan går jag bort till Gammel-Inka – hon har ont i sin rygg, uldat har gått i den – och jag har lovat att komma och smörja den med kamferliniment. Inka är ensam hemma, hon sitter som ett litet hopsjunket knyte framför elden, och hennes tandlösa mun löper som ett smalt streck tvärs över ansiktet, hakan går nästan ihop med näsan, och de vitgrå hårtestarna står åt alla väder under den lilla toppiga mossan.

– Var är Pirhanne? frågar jag. Det är hennes dotter, som ovanligt nog för en lappkvinna är ogift och bor hemma hos modern.

– Hon mjölkar getterna, men hon kommer väl snart.

Och just i detsamma stiger hon in, har tassat fram så tyst på sina mjuka skor att hennes fotsteg ej hörts och vi vet ingenting om förrän hon står mitt framför oss och småler.

– Har du satt på kaffe, mor? är det första hon säger, men Inka jämrar sig så över sin rygg att hon inte orkar mala kaffet. Och medan Pirhanne mal på den lustiga lilla kvarnen, gnider jag Inkas gamla krokiga rygg tills den mjuknar upp en smula. Sen dricker vi kaffe och pratar, medan mörkret faller allt tätare utanför och liksom skiljer oss från allt annat levande. Vi sitter där, vi tre, i den sotiga lilla kåtan, vi skrattar och pratar och bryr oss inte om vinden som susar utanför, inte om mörkret, som klämmer oss inom sina svarta väggar, runt om oss är hemmets trygghet och ro, vi värmer oss i brasans röda flammor och lyssnar till vedens sprakande. Länge sitter vi så – Inka berättar historier från hedenhös, från den tid då hon var ung, Pirhanne talar om hur tung sorg hon haft då gossen, som hon skulle gifta sig med frös ihjäl en natt när han varit på vargjakt. Han hade fått ett bett i benet, innan vargen blev slagen till döds, och blödde så starkt ur såret att han blev maktlös och inte orkade ta sig hem igen.

– Sörjer du honom än, Pirhanne?

– Ånej, inte sörjer jag. Men jag ville inte gifta mig med någon annan och nu är det tomt, när man börjar bli gammal. En ska ha ett manfolk som ser till hjorden också, om det ska bli något med den.

Inka säger ingenting till detta – hon har glidit utanför vårt samtal, ser bara in i elden och tuggar oavbrutet med sina tandlösa käkar. Pirhanne blir också tyst, hon tänker väl på den gossen som döden tog, ty hennes ögon har med ens blivit så stora och sorgsna. Och så reser jag mig för att gå hem till mitt. Men inte som vanligt, utan ett ord till tack eller farväl. Jag ska ju ta avsked kanske för hela livet den här gangen. Och jag faller på knä bredvid Inka, som det brukas hos kåtornas folk, lägger min arm om hennes tunna lilla gestalt och mumlar: hyvästi ja kito, Inka! Farväl och tack! Och Inka lägger sin arm om mig, svarar samma ord och lutar för ett ögonblick sin panna mot min axel. Av Pirhanne tar jag avsked på samma sätt, men efteråt lägger hon båda armarna om mig och sin kind mot mitt bröst – hon når inte längre! Och så går jag ut i mörkret och höstblåsten, stora stjärnor lyser, men vägen är svart genom skogen ändå. Jag snubblar och slinter på hala trädrötter, river mitt ansikte på vassa grenar, huttrar av köld i blåsten och önskar mig tillbaka till den varma lilla kåtan, till lågornas fladder, till de låga rösternas vänliga prat.

Men när jag äntligen letat mig fram till min egen lägerplats, glimmar elden i mitt hem genom oksan, som är slagen till sida. Som skenet från en fyr är det och lyser upp vägen för dem som irrar omkring i mörka natten. Och när jag sätter foten på den smala stigen som bär mot kåtan, när Tsappe glädjegnyende kommer tumlande mot mig och Ellekare står väntande i dörröppningen – då känner jag i mitt hjärta att ljuvare hem kan ingen önska, mer strålande stjärnor tindrar ej på någon annan himmel, större ro, större frid skänks inte på hela den vida jorden.

Printed in the USA
CPSIA information can be obtained
at www.ICGtesting.com
LVHW090543210124
769525LV00007B/771

9 788728 125137